KB109034

PresenTation
Coaching Book

PresenTation Coaching Book
프레젠테이션 코칭 북

초판 발행 · 2011년 11월 28일
초판 7쇄 발행 · 2021년 4월 12일

지은이 · 이승일 외 9인 공저
발행인 · 이종원
발행처 · (주)도서출판 길벗
출판사 등록일 · 1990년 12월 24일
주소 · 서울시 마포구 월드컵로 10길 56(서교동)
대표 전화 · 02)332-0931 | **팩스** · 02)323-0586
홈페이지 · www.gilbut.co.kr | **이메일** · gilbut@gilbut.co.kr

기획 및 책임 편집 · 박슬기(sul3560@gilbut.co.kr) | **디자인** · 황애라 | **제작** · 이준호, 손일순
영업마케팅 · 임태호, 전선하, 차명환 | **웹마케팅** · 조승모, 지하영 | **영업관리** · 김명자 | **독자지원** · 송혜란, 윤정아
편집진행 · 박명희 | **일러스트** · 강호정 | **전산편집** · 트인글터 | **CTP 출력 및 인쇄** · 벽호

ISBN 978-89-6618-241-1 03000
(길벗도서번호 006516)

정가 15,000원

독자의 1초를 아껴주는 정성 '길벗출판사'
길벗 | IT실용서, IT/일반 수험서, IT전문서, 경제실용서, 취미실용서, 건강실용서, 자녀교육서
더퀘스트 | 인문교양서, 비즈니스서
길벗이지톡 | 어학단행본, 어학수험서
길벗스쿨 | 국어학습서, 수학학습서, 유아학습서, 어학학습서, 어린이교양서, 교과서

페이스북 · ww.facebook.com/gilbutzigy
네이버 포스트 · post.naver.com/gilbutzigy

대한민국에서 통하는 성공 프레젠테이션은 따로 있다!

PresenTation
Coaching Book

프리젠테이션 코칭 북

이승일 외 9인 공저

길벗

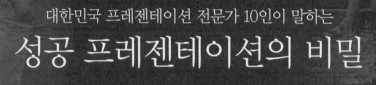

대한민국 프레젠테이션 전문가 10인이 말하는

성공 프레젠테이션의 비밀

《프레젠테이션 월드》

머리말

2018년 평창동계올림픽과 2014년 인천아시안게임 유치를 통해 한국의 프레젠테이션 경쟁력은 세계인들로부터 인정받았습니다. 어떻게 하면 프레젠테이션을 이처럼 잘할 수 있을까요? 성공 프레젠테이션을 위한 명쾌한 해법은 어떤 것일까요?

우리는 이러한 갈증을 풀기 위해 여러 서적을 읽고 강연을 찾아다닙니다. 어떤 사람은 파워포인트를 멋지게 만들기 위해 많은 시간과 노력을 쏟아 붓고, 또 어떤 사람은 스티브 잡스의 스타일을 분석하고 모방하기 위해 많은 노력을 기울이도 합니다.

이에 십 수 년간 한 분야에서 활동한 전문가들이 해법을 찾기 위해 한자리에 모였습니다. 국내 굴지의 광고회사 기획자부터 스토리텔링 전문가, 그래픽 디자이너, 아나운서, 이미지 컨설턴트까지. 이들이 토론하여 내린 결론은 프레젠테이션은 규모의 크기를 떠나 전달 내용(Contents)과 시각적 표현(Visual), 전달 방법(Delivery) 그리고 발표자 이미지(Presenter Image)라는 핵심요소로 이루어진다는 것과 여러 사람의 협업을 통해야 한다는 것입니다. 혁신과 열정으로 대표되는 스티브 잡스의 프레젠테이션 역시 이러한 프레젠테이션의 4대 요소를 잘 갖추고 있습니다.

성공 프레젠테이션을 위해서는 통찰을 바탕으로 4대 요소의 실행과 끊임없는 연습만이 필요할 뿐입니다. 독자 여러분은 이 책을 통하여 각 분야별 전문가들의 프레젠테이션에 대한 통찰과 지혜를 얻게 될 것입니다. 앞으로 우리나라에서도 스티브 잡스, 오바마와 같은 멋진 롤 모델이 탄생하길 기대해 봅니다.

'프레젠테이션 월드 2010/2011' 행사에서 최고의 강연을 해주시고 이 책이 나올 수 있도록 힘을 보태주신 공동필자 여러분께 감사를 드립니다. 또한 그동안 수고해주시고 마음고생(!)을 한 (주)도서출판 길벗의 박슬기 님과 (주)파워피티 최미나 님께 감사의 마음을 전합니다.

이제는 하늘의 별이 된 스티브 잡스를 추모하며…

2011년 11월 7일

대한프레젠테이션협회 회장 이승일

추천사

"말이 맛있어지면 마음이 열립니다."

"실전과 모니터링으로 특별한 차이를 만들어갑니다."

위 두 문장은 우리 회사를 대표하는 'Key Message'입니다. 이 책은 우리 회사의 'Key Message'를 100% 만족시켜 주는 최고의 프레젠테이션 개론서입니다. 《PresenTation Coaching Book》을 접하는 모든 분들은 이미 큰 행운을 잡으신 겁니다. 축하합니다!

(주)아나운서 본부장 윤태정 아나운서

진정성과 일관성 있는 프레젠테이션은 감동을 통해 청중의 설득을 이끌어냅니다. 이를 위해 '테크닉'이 아닌 '태도'의 변화가 필요합니다. 이 책은 획일적인 기법만 가득한 실용서가 아닌 프레젠테이션을 바라보는 각 분야 전문가들의 다양한 이야기가 담긴 산문집과 같습니다. 여러분은 이 책을 통해 나만의 매력적인 프레젠테이션을 해낼 수 있을 것입니다.

MC/프레젠테이션 전문 강사 오종철

"훌륭한 프리젠테이션을 하고 싶으십니까?"

성공적인 프리젠테이션은 통찰을 바탕으로 철저한 준비와 자기 스타일에 맞는 프리젠테이션으로 청중을 감동시키는 것입니다. 자신의 스타일에 꼭 맞는 프리젠테이션 방법, 《PresenTation Coaching Book》에서 해답을 찾을 수 있습니다.

(주)유앤파트너즈 커리어앤조이센터 김주희 대표

《PresenTation Coaching Book》은 독보적인 통찰력을 기반으로 하기 때문에 '성공적'인 프레젠테이션을 넘어 '감동적'인 프레젠테이션을 할 수 있도록 도와줍니다. 이 책을 통해 주어진 자료를 예쁘게 만드는 데 그치지 말고, 통찰을 기반으로 한 프레젠테이션을 꼭 만들어 보세요. 특히 이 책은 프레젠테이션의 중요성을 알아야 할 사회 초년생들에게 꼭 필요합니다.

《아이패드 혁명》공저자, CJ ONE 팀 이형일 부장

차례

✐ Design 프레젠테이션 디자인

프레젠테이션 디자인을 말한다!　　　이종욱

내가 생각하는 최고의 발표자는? _유연한 자세로 청중과 호흡하는 예능 MC, 유재석

🔆 Delivery 프레젠테이션 발표 기법

청중과의 교감, 그리고 설득력이 프레젠테이션을 성공시킨다!   벤 랏채, 한창훈

내가 생각하는 최고의 발표자는? _누구보다 열정이 넘치는 발표자, 하브 에커

_진정성, 표현력, 콘텐츠가 조화를 이루는 발표자, 김제동

목소리 연출로 청중을 사로잡아라!   우지은

내가 생각하는 최고의 발표자는? _감성을 자극하는 목소리, 이금희 아나운서

😊 **Image Making**   프레젠테이션 이미지 연출

프레젠테이션 발표자의 이미지 연출도 전략이다!   조미경

내가 생각하는 최고의 발표자는? _일루셔니스트 이은결

카리스마가 살아 있어야 프레젠테이션에서 성공한다!   허은아
내가 생각하는 최고의 발표자는? _청중을 배려하는 발표자, 오프라 윈프리

Global Presentation 영어 프레젠테이션

영어 프레젠테이션, 누구나 할 수 있다!

이지윤

내가 생각하는 최고의 발표자는? _국내 최고의 인터뷰 진행자, 손석희 교수

동영상 강의

성공 프레젠테이션을 위한 최고의 동영상 강의, 스마트폰으로 만나보세요!

대한민국 대표 프레젠테이션 전문가의 동영상 강의를 스마트폰으로 손쉽게 시청할 수 있습니다. 우선, 스마트폰에 QR 코드를 인식할 수 있는 앱을 다운받으세요. 그런 다음 본문의 QR 코드를 스캔하면 동영상 강의가 시작됩니다. 스마트폰이 없으면 길벗 홈페이지(www.gilbut.co.kr)의 '독자지원/자료실'에서 동영상을 다운받을 수도 있습니다.

1단계 스마트폰의 QR 코드 리더 앱을 실행합니다.
2단계 저자 프로필 옆 또는 본문의 QR 코드를 스캔합니다
3단계 스마트폰을 통해 저자의 동영상 강의가 시작됩니다.

길벗 홈페이지에서 무엇이든 물어보세요.

책을 읽다 막히는 부분이 있으면 길벗 홈페이지(www.gilbut.co.kr)의 '묻고 답하기' 게시판에 질문을 올리세요. 지은이와 길벗 A/S 센터에서 친절하게 답변해 드립니다.

❶ 가입하기

길벗 홈페이지(www.gilbut. co.kr)에 회원으로 가입한 후 로그인하세요.

❷ 가입하기

도서 검색에 'PresenTation Coaching Book'을 입력하고 〈검색〉을 클릭합니다. 원하는 답변이 있는지 확인해 보세요.

❸ 질문 등록

원하는 답변이 없다면 〈글쓰기〉를 클릭하여 궁금한 내용을 입력합니다. 답변이 올라오기까지 2~3일 정도 소요됩니다.

* 길벗 홈페이지에서 제공하는 동영상 파일은 별도의 코덱 없이 윈도우 미디어 플레이어에서 실행할 수 있습니다.
* 벤 랏채와 한창훈, 허은아 저자의 동영상은 제공하지 않습니다.
* 이 책에서 제공하는 동영상은 한경HiCEO(www.hiceo.co.kr)에서도 들으실 수 있습니다.

Introduction

프레젠테이션을
시작하며

굿바이
스티브 잡스!

(주)파워피티 대표이사, 이승일

대한민국 프레젠테이션 산업 1세대로서 현재 대한프레젠테이션협회 회장을 맡고 있는 이승일 대표는 2014 인천 아시안 게임과 2014 동계 올림픽 평창 유치 프레젠테이션 제작에 참여했으며, 컴퓨터 분야 베스트셀러 《파워포인트 무작정 따라하기》 시리즈를 비롯한 10여 권의 프레젠테이션 디자인 서적을 집필했다.

또한 2010 한국HRD협회 명강사로 삼성, LG 등의 국내 유수 기업과 서울대, 이화여대 등의 교육 기관에서 왕성한 강의활동을 펼치고 있다.

- 홈페이지　www.powerpt24.com
- 페이스북　felix lee
- 블로그　blog.naver.com/haniline
- 이메일　felix@powerpt24.com
- 트위터　@powerpt2000

이승일.wmv

내가 생각하는 최고의 발표자는?

청와대를 사로잡은 진대제 전 정보통신부 장관

2003년 3월 28일, 정보통신부 진대제 신임 장관은 파워포인트를 활용하여 대통령과 청와대 관계자들 앞에서 연두보고를 진행했습니다. 당시만 하더라도 인쇄물 중심의 보고가 보편화하였기 때문에 진대제 전 장관의 프레젠테이션 형식의 연두보고는 매우 신선한 충격이었고, 정보통신부에서는 건국 이래 처음 있는 일이라고 밝힌 바 있습니다.

또한 진대제 전 장관이 삼성전자 사장으로 재직하고 있을 당시, 한국인 최초로 미국 라스베이거스에서 열리는 CES (Consumer Electronics Show)의 기조연설을 멋지게 하여 세계 언론의 주목을 받기도 했습니다. 장관을 거쳐 투자회사 CEO로 활동하는 지금까지 진대제 전 장관은 국내외 프레젠테이션의 달인이라 해도 손색이 없을 만큼 뛰어난 발표자로 정평이 나 있습니다.

진대제 전 장관의 프레젠테이션 비법은 과연 무엇일까요?

진대제 전 장관의 프레젠테이션에는 청중과 긍정적 관계를 형성하는 오프닝 기법과 유머, 스토리텔링이 담겨 있습니다. 또한 전달하고자 하는 바를 간결한 메시지(예 : IT 839 전략)로 압축하는 기획력과 몸짓언어, 공간언어 등을 활용한 무대연출이 어우러져 청중에게 좋은 반응을 이끌어 내는 것이지요.

이렇듯 진대제 전 장관은 발표 기법도 훌륭하지만, 그의 진면목은 프레젠테이션에 대한 통찰에 있습니다. 대부분의 정부기관 고위공직자와 대기업 임원들은 실무자가 기획하고 작성한 원고를 읽기만 하는 수동적인 형태의 프레젠테이션을 진행합니다. 하지만 진대제 전 장관은 프레젠테이션 기획부터 참여하여 메시지를 적극적으로 반영하고, 여러 번의 수정을 거쳐 자신에게 꼭 맞는 프레젠테이션을 만들어 냅니다. 또한 기획 및 제작에 참여하는 모든 팀원의 의사를 존중하여 반영할 수 있도록 조화로운 의사결정 구조를 만들기 때문에 그를 프레젠테이션의 달인이라 부르는 것입니다.

파워포인트를 버려라!

프레젠테이션 ≠ 파워포인트

프레젠테이션을 잘하는 비결은 무엇일까요?
지금 당장 대답해 드릴 수 있습니다.

"프레젠테이션을 잘하고 싶다면 파워포인트를 버리십시오!"

필자가 집필한 《파워포인트 무작정 따라하기》는 우리나라를 비롯한 중국, 대만, 홍콩 등에 70만 부 이상 판매되었습니다.

그뿐이 아닙니다. 필자는 2000년에 국내 최초의 프레젠테이션 전문 회사를 창립하여 지금까지 파워포인트를 업으로 삼아왔습니다. 그런 제가 왜 파워포인트를 버려야만 프레젠테이션을 잘할 수 있다고 말하는 것일까요?

▲ 우리나라는 물론 중국, 대만, 홍콩 등에 출판된 필자의 도서

프레젠테이션 준비 기간 동안 대부분 어떤 작업에 시간을 가장 많이 할애하는지 짐작해 보세요. 청중과의 커뮤니케이션을 위한 사전 분석? 자료 수집? 이미지 연출? 모두 아닙니다. 많은 사람들은 파워포인트 작업에 가장 많은 시간을 투자합니다. 그 결과 프레젠테이션 준비 과정에서 정말 중요한 기획과 발표 준비에는 소홀히 하게 되는 것이죠.

물론 프레젠테이션에서 파워포인트는 중요한 도구입니다.
파워포인트를 사용하면 단순히 보고서를 읽고 미비점을 보완하라고 지시하는 일 대 일 서면 보고가 아닌, 여러 사람이 슬라이드를 함께 보면서 자연스럽게 쌍방향 대화를 이끌어내 토론 분위기를 조성할 수 있습니다. 따라서 초 · 중 · 고등

학교 수업 시간뿐만 아니라 청중의 주의를 집중시켜야 할 모든 자리에는 파워포인트가 프레젠테이션의 좋은 도구로 사용됩니다.

하지만 현실에서는 그렇지 못한 것이 사실입니다. 대다수 발표자들은 청중과 단절된 채 스크린에 비친 파워포인트 슬라이드에 의지해서 스크립트를 읽어 내려가는 수준에 멈추었고, 더 이상 청중과의 교감은 이루어지지 않게 된 것입니다.

따라서 파워포인트를 버리라는 말은 시각자료 중심의 프레젠테이션에 집착할 필요가 없다는 뜻을 내포합니다.

프레젠테이션 = 스티브 잡스

스티브 잡스는 2005년 애플 뮤직 스페셜 이벤트의 아이팟 나노 프레젠테이션에서 '프레젠테이션=파워포인트'라는 통념을 확실하게 깨버렸습니다.

"1,000개의 음악이 당신의 주머니 안에 있다."라는 멘트로 시작된 프레젠테이

션은 스티브 잡스 청바지의 작은 보조 주머니에서 아이팟 나노가 나오자 청중의 술렁이는 환호로 절정에 이르렀습니다. "늘 궁금해했던 청바지의 작은 보조주머니는 아이팟 나노를 위한 자리라는 걸 알게 되었습니다."라는 스티브 잡스의 재치 있는 말 한마디에 청중은 감탄사를 연발할 뿐이었습니다.

스티브 잡스의 프레젠테이션은 위기 속의 애플을 미국 시가총액 1위의 기업으로 성장시키는 원동력이 되었습니다. 따라서 많은 사람들은 스티브 잡스의 프레젠테이션을 벤치마킹하게 되었고, '프레젠테이션=스티브 잡스'라는 새로운 공식이 탄생하게 되었습니다.

스티브 잡스 프레젠테이션의 특징

스티브 잡스는 화려한 시각자료로 청중을 현혹시키지 않습니다. 단순 명료한 키워드만 슬라이드에 띄워놓을 뿐이죠. 멋진 정장을 입고 발표를 하는 것도 아닌데, 청중을 단숨에 사로잡는 그의 매력이 무엇인지 알고 싶으신가요?

특징 ① 키워드 안에 담긴 통찰

통찰이 담긴 프레젠테이션은 청중의 기억 속에 오래 남습니다. 스티브 잡스는 애플의 노트북 '맥북에어'를 청중에게 소개할 때 "There is something in the air today(오늘 뭔가가 있습니다)."라는 관용 표현으로 말문을 열었습니다. 맥북에어의 'Air(에어)'를 적절하게 사용한 것이죠.

스티브 잡스는 잔뜩 호기심에 찬 청중을 향해 서류 봉투 안의 맥북에어를 꺼내 보여줍니다. 이를 통해 그는 서류 봉투에 쏙 들어갈 만큼 가벼운 맥북에어의 장점도 알려주면서 동시에 애플의 노트북 이름인 '맥북에어'도 청중에게 쉽게 기억할 수 있게 해줍니다.

특징 2 제품에 대한 열정

스티브 잡스는 애플 제품 최고의 열혈 팬(Fan)입니다. 스티브 잡스는 애플 제품을 홍보하는 프레젠테이션에서 'Extraordinary(비범한)', 'Amazing(굉장한)', 'Cool(멋진)'과 같은 단어를 연발하면서 자사 제품의 디자인과 기능에 대한 열정과 자신감을 숨김없이 드러냅니다.

특히 'Insanely great(미치도록 훌륭하다)'라는 단어는 스티브 잡스를 상징하는 감탄사가 될 정도입니다. 이처럼 제품에 대한 애정과 각별한 찬사는 발표자가 소개하는 제품이나 서비스에 대한 내용을 청중이 지루하지 않게 들을 수 있게 해주며, 또한 자연스럽게 몰입할 수 있도록 도와줍니다.

특징 3 드라마틱한 스토리

성공하는 프레젠테이션에는 청중의 마음을 끝까지 사로잡을 수 있는 이야기가 들어 있습니다. 스티브 잡스는 발표 내내 'One more thing(한 가지 더)'이 적힌 슬라이드를 띄워놓거나, 좌석 아래 제품 교환권이 있다는 솔깃한 이야기로 긴장의 끈을 놓지 않도록 유도합니다.

청중의 긴장감을 쥐었다 폈다 하면서 발표자가 원하는 방향대로 흘러가게 하는 힘, 그것이 바로 프레젠테이션에 담긴 스토리인 것입니다.

특징 **4** One Slide, One Message

좋은 슬라이드는 청중이 한눈에 메시지를 알아볼 수 있도록 직관적이어야 합니다. 스티브 잡스의 프레젠테이션은 장문의 텍스트보다는 제품 사진, 그래프, 숫자 등을 활용할 뿐만 아니라 충분한 여백을 통해 자신이 전달하고자 하는 메시지를 분명히 합니다.

스티브 잡스의 프레젠테이션은 'One Slide, One Message' 원칙을 지키는 것으로 유명하며, 하나의 슬라이드에 하나의 내용만 담아 청중이 주제에 몰입할 수 있게 합니다. 또한 충분한 여백은 청중이 단상에 선 발표자를 집중해서 바라볼 수밖에 없게 만듭니다.

특징 **5** 대조를 통한 메시지 강조

스티브 잡스는 iTunes(아이튠즈)에서 영화를 공급하겠다는 뜻을 밝힌 프레젠테이션에서 마이너 영화사들의 로고를 먼저 보여줍니다. 청중은 마이너 영화사에서 제공하는 영화라면 지루하고 심심하겠다는 생각에 iTunes에서 제공하는 영화에 별 흥미를 느끼지 못합니다.

그 순간 스티브 잡스는 할리우드 메이저 영화사들의 로고로 가득 찬 슬라이드를 보여주면서 "이러한 회사들의 영화도 공급한다는군요!"라고 별일 아닌 듯 덧붙여 말합니다. iTunes에서는 마이너 영화사에서 제공하는 영화를 제공한다는 소리를 듣고 잔뜩 실망했던 청중은 스티브 잡스를 향해 환호성과 박수를 보냅니다.

만약 스티브 잡스가 할리우드 메이저 영화사의 로고를 먼저 보여주고, 마이너 영화사의 로고를 나중에 보여주었다면 청중의 환호성은 이끌어 내지 못했을 것입니다. 정말 중요한 내용은 마지막에 짠~ 하고 공개함으로써 메시지를 강력하게 전달할 수 있었던 것이죠.

특징 6 의미 있는 숫자 사용

스티브 잡스는 하루에 판매하는 음악 곡수를 설명할 때 "우리는 하루에 500만 곡을 판매합니다."라고 단순하게 말하지 않습니다. "하루 24시간 중 1시간의 1/60, 1분의 1/60, 즉 1초에 58곡을 판매합니다."라고 숫자에 의미를 부여하여 판매하는 곡이 매우 많다는 것을 강조합니다. 청중이 실감할 수 있도록 숫자를 쉽게 풀어 설명하면서도, 애플이 음반 판매에 큰 영향을 미치고 있다는 사실도 함께 전달할 수 있는 것이죠.

스티브 잡스의 프레젠테이션을 배워라!

우리가 스티브 잡스에게서 배워야 할 점은 무엇일까요?
검정 터틀넥 티셔츠를 입거나 애플 키노트를 사용하는 등의 겉으로 보이는 모습이 아니라 스티브 잡스의 프레젠테이션 통찰(Insight)을 배워야 합니다.

통찰(Insight)은 프레젠테이션의 도구나 실행단계(Process)를 성실히 준비하는 단계를 넘어 어떤 목적으로, 누구를 대상으로, 어떤 환경과 장소, 시간대에 프레젠테이션을 하는가에 대한 인식을 명확히 하는 것입니다.

청중이 원하는 바와 내가 전달하고자 하는 것이 무엇인지를 명확하게 통찰하여 메시지를 도출하면 실행할 프레젠테이션의 본질을 분명하게 밝힐 수 있습니다.

통찰(Insight)을 발현하기 위해서는 프레젠테이션 3P인 Purpose(목적), People (대상), Place(환경)를 통해 청중의 니즈와 프레젠테이션 환경을 분석하고 커뮤니케이션 전략을 명확히 수립해야 합니다.

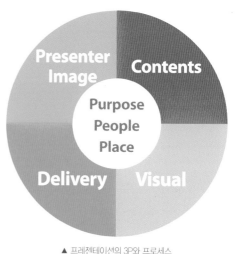

▲ 프레젠테이션의 3P와 프로세스

> ! **프레젠테이션 3P와 프로세스**
>
> 프레젠테이션 3P를 분석한 예제 자료는 98~101쪽에서, 프레젠테이션 프로세스에 대해서는 34~35쪽에서 자세히 다룹니다.

철저하게 계산된 이미지 연출

스티브 잡스는 언제나 검정 티셔츠에 청바지 차림을 고수합니다. 세계적인 기업인 애플의 CEO가 말쑥한 정장이 아닌 평상복을 입는 이유는 무엇일까요?

스티브 잡스의 옷차림에는 자유롭고 유연한 애플의 기업문화가 담겨 있습니다. 동시에 소비자와 같은 눈높이에서 혁신적인 제품과 서비스를 기획하고 창출하겠다는 의지도 내포하고 있습니다.

한 평론가는 그의 검정 티셔츠는 아이팟이나 아이폰 등의 애플 제품을 공개할 때 훌륭한 무대 배경이 되어준다고 말합니다. 곧, 스티브 잡스의 검정 티셔츠와 청바지는 자유롭게 선택한 평상복이 아닌 철저하게 계산된 이미지 연출인 것입니다.

2010년 3월 아카데미 시상식에 초대받은 스티브 잡스는 턱시도를 입고 있었습니다. 검정 티셔츠에 청바지를 입고 등장할 것이라는 사람들의 인식을 깨버린 거죠.

우리는 이미지의 기본에 대해 다시 한 번 생각해 봐야 합니다. 스티브 잡스가 똑같은 검정 티셔츠와 청바지를 수십 벌 갖고 있다고 하더라도 초대받은 시상식 자리에서는 턱시도를 입었습니다. 이미지는 때(Time)와 장소(Place), 경우(Occasion)에 맞추어 적절히 연출해야 한다는 것이죠.

2중 3중의 철저한 준비

대다수 발표자는 프레젠테이션 기획 및 자료 제작과 이미지 연출에 많은 시간과 비용을 투자합니다. 그러나 정작 프레젠테이션이 이루어질 장소에 대한 사전 조사는 상대적으로 소홀히 합니다. 그러다 보니 노트북이나 프로젝터의 오작동이나 행사장 조명과 방송장비의 사용 미숙 등으로 애써 준비한 프레젠테이션을 망치는 경우를 종종 겪게 되는 것입니다.

31쪽 그림을 한 번 보실까요?
이 그림은 스티브 잡스의 프레젠테이션 행사장을 표현한 것으로 스티브 잡스가 성공적인 프레젠테이션을 위해 얼마나 철저하게 준비하는지 알 수 있습니다.

무대 하단에 있는 비상발전기(Backup Power Generator)를 보세요.
스티브 잡스는 비상발전기 하나만으로는 안심하지 못하고 제2, 제3의 비상발전기를 준비해 놓았습니다. 마돈나, U2의 보노, 농구스타 샤킬 오닐 등 유명한 초대 손님이 출연한다 하더라도 행사장의 전원이 안정적으로 공급되지 않는다면 프레젠테이션을 진행할 수 없기 때문이죠.

이처럼 청중의 눈에 보이는 부분뿐만 아니라 발표장의 예비 전력까지 준비해 놓은 스티브 잡스의 철저함은 그가 프레젠테이션을 성공적으로 이끌 수밖에 없게 만듭니다.

SCORES OF
CELEBRITIES,
TING ON STANDBY
(BONO, SHAQ,
MADONNA, ETC.)

REALITY DISTORTION
FIELD AMPLIFIER
(WE CAN ONLY SHOW
YOU PART OF IT, THE
REST IS TOO SENSITIVE
TO ILLUSTRATE.)

DEMONSTRATORS
AND PRESENTERS
(SCARED OUT OF
THEIR WITS THEIR
APP WILL CRASH.)

STEVE
JOBS

STEVE JOBS
DECOYS
(IN CASE OF
EMERGENCY)

SECRET APPLE
PRODUCTS
(WE'RE NOT
ALLOWED TO
SHOW YOU THESE
IN ANY DETAIL)

HIDDEN TRAP
CHUTE FOR
BORING
PRESENTERS
AND CRASHED
APP OWNERS.

AP CHUTES FOR
RING CELEBRITIES
MALFUNCTIONING
DECOYS.

ELITE, HIGHLY
TRAINED PEDESTAL
HAND-CRANKERS.

제3차
예비 전력

제2차
예비 전력

예비 전력

TRAP DOOR
AUDIENCE
SEATS
(HECKLER
CONTROL)

지열발전소

SHARK TANK

스티브 잡스의 프레젠테이션을 뛰어넘어라!

나만의 정체성과 스타일을 찾아라!

과연 스티브 잡스의 프레젠테이션 스타일을 벤치마킹하고 따라만 하면 성공하는 발표자가 될 수 있을까요? 대한민국 문화와 사업 환경, 프레젠테이션 환경에 스티브 잡스의 프레젠테이션 스타일이 정말 적합한 것일까요?

◉ 목적에 따른 접근방식

스티브 잡스의 프레젠테이션은 출시한 제품의 특징을 고객에게 이해시키기 위한 설명형 프레젠테이션입니다. 만약 고객에게 상품 또는 서비스를 제안하는 목적으로 프레젠테이션을 준비한다면 스티브 잡스의 스타일을 적용하기란 쉽지 않을 것입니다. 이는 제안을 통해 고객을 설득하는 것이 목적이기 때문에 특징을 이해시키는 설명형 프레젠테이션과 접근 방법이 다르기 때문이죠.

또한, 우리나라의 경우 지식을 설명하거나 사업결과를 보고할 때, 임원진 또는 주요 인사 위주의 소규모 프레젠테이션이 주를 이루기 때문에 스티브 잡스의 극장식 프레젠테이션을 적용하기 힘듭니다.

◉ 프레젠테이션 도구의 선택

스티브 잡스는 애플 키노트를 사용하여 프레젠테이션을 합니다. 키노트는 뛰어난 감성적 연출 기능으로 세계적으로 큰 관심을 끌게 되었고, 국내에서도 키노트를 이용하여 프레젠테이션을 하는 사용자가 많이 늘어나는 추세입니다.

과연 키노트가 파워포인트보다 훨씬 나은 프로그램일까요?
우리나라 대다수 컴퓨터는 윈도우 운영체제로 구동되기 때문에 애플 제품에서만 사용할 수 있는 키노트를 이용할 수 없는 불편함이 있습니다. 국내 보급률이 매우 낮은 애플 컴퓨터는 기업 내 전산환경에 어울리지 않아 결국 윈도우 컴퓨터와 애플 컴퓨터 모두 이용해야 하는 불편한 상황을 감내해야 하는데 기업 입장에선 선뜻 투자하기가 어렵습니다.

특히 파워포인트 2010 버전부터는 키노트에서만 가능했던 시각적 연출 효과를 제공함으로써 키노트와 비교해도 전혀 손색없는 디자인을 할 수 있습니다.
결국 프레젠테이션 디자인의 기본 지식과 활용법을 탄탄히 축적한 사용자라면 키노트이든 파워포인트이든 도구에 연연하지 않고 시각적 연출을 자유자재로 할 수 있습니다.

프로세스를 철저히 하라!

성공적인 프레젠테이션을 하려면 어떻게 해야 할까요? 파워포인트나 스티브 잡스의 스타일은 프레젠테이션의 기법일 뿐 성공 프레젠테이션의 전략이 될 수는 없습니다.

성공적인 프레젠테이션을 원한다면 통찰(Insight)을 바탕으로 한 기획(Contents), 시각자료 작성(Visual), 발표 기술(Delivery), 이미지 연출(Presenter Image)이라는 일련의 프레젠테이션 프로세스를 충실히 실행해야 합니다.

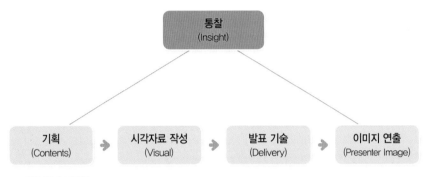

▲ 프레젠테이션 프로세스

● 통찰(Insight)

통찰은 목적(Purpose), 대상(People), 환경(Place)이란 프레젠테이션의 3P 분석을 통해 발현할 수 있습니다. 상사의 지시 또는 고객의 요구에 의한 수동적인 프레젠테이션은 방향성을 잃어 실패할 가능성이 무척 높습니다. 적은 시간을 들이고도 큰 효과를 볼 수 있는 사전 분석을 게을리 하지 않아야 프레젠테이션의 통찰을 끌어낼 수 있습니다.

● 기획(Contents)

기획은 프레젠테이션 프로세스의 첫 번째 단계입니다. 청중의 마음을 사로잡기 위해서는 프레젠테이션을 스토리텔링 형식으로 풀어낼 수 있어야 합니다.

"기술이 완성되면 예술이 시작된다"는 한 자동차업체의 광고 문구처럼 스토리텔링은 충분한 자료수집과 분석, 그리고 통찰로부터 발현된 핵심 메시지를 효과적으로 표현할 수 있어야 합니다. 이렇게 논리적 구성을 바탕으로 한 감성적 요소가 반영되어야 프레젠테이션은 경쟁력을 가질 수 있습니다.

◉ 시각자료 작성(Visual)

기획 단계에서 구성된 콘텐츠는 MS 파워포인트, 한글과컴퓨터 한쇼, 애플 키노트, 어도비 플래시, 프레지 등의 프레젠테이션 도구를 활용하여 각 슬라이드의 내용이 효과적으로 전달될 수 있도록 정보 디자인(Information Design) 요소를 고려하여 표현해야 합니다. 또한 기업 또는 메시지의 정체성(Identity)을 시각적으로 잘 표현해야 합니다.

◉ 발표 기술(Delivery)

발표 기술은 체계적으로 꾸준히 연습해야 합니다. 발표 기술은 호흡, 발음, 발성으로 구성되는 언어적 요소와 몸짓언어, 공간언어 등의 비언어적 요소, 화법 그리고 정보화 기기에 대한 이해와 활용으로 구성됩니다.

◉ 이미지 연출(Presenter Image)

프레젠테이션의 메시지는 발표자의 이미지와 하나가 될 때 설득력이 강해집니다. 그러나 아직도 많은 발표자들은 이미지를 옷차림과 화장 등의 겉모습을 치장하는 것으로만 생각하는데, 외적인 이미지 외에도 발표자 내면의 이미지와 경력, 업적, 열정이 청중에게 함께 전달될 수 있도록 노력해야 합니다.

성공적인 프레젠테이션을 위해서는 파워포인트와 같은 도구 또는 스티브 잡스와 같은 롤 모델(Role Model)에 의지하는 것으로는 부족합니다. 통찰을 바탕으로 기획, 시각자료 작성, 발표 기술, 이미지 연출의 프로세스를 실행할 수 있는 지식과 역량이 밑받침되어야 합니다.

2014 동계 올림픽, 러시아 소치는 강했다!

필자가 직접 참여한 2014 동계 올림픽 유치 프레젠테이션 분석을 통해 프레젠테이션 프로세스의 중요성에 대해 살펴보겠습니다.

최선을 다하였기에 아름다웠던 2014 동계 올림픽 평창 유치

2014 동계 올림픽 평창 유치는 비록 실패했지만 IOC 위원들과 외신기자들로부터 아낌없는 찬사와 호평을 받았습니다. 이는 훗날 2018 평창 동계 올림픽 유치 성공의 밑거름이 되었다고 자부합니다.

2014 동계 올림픽 유치 총회에는 우리나라의 평창과 러시아 소치, 오스트리아 잘츠부르크가 참여했습니다. 약 45분간 진행된 프레젠테이션은 한승수 유치위원장의 인사말로 시작하여 프리랜서 방송인 안정현 씨, 동계 올림픽 4관왕 전이경 IOC 선수위원, 김진선 전 강원도지사 등을 포함한 총 9명의 발표단이 릴레이식으로 돌아가면서 진행되었습니다. 여기에는 노무현 전 대통령의 지지 연설과 이건희 IOC 위원의 마무리 연설도 포함되었습니다.

아쉬움을 남긴 2014년 동계올림픽 평창 유치

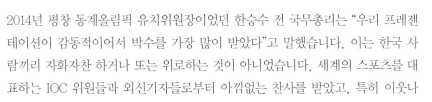

2014년 평창 동계올림픽 유치위원장이었던 한승수 전 국무총리는 "우리 프레젠테이션이 감동적이어서 박수를 가장 많이 받았다"고 말했습니다. 이는 한국 사람끼리 자화자찬 하거나 또는 위로하는 것이 아니었습니다. 세계의 스포츠를 대표하는 IOC 위원들과 외신기자들로부터 아낌없는 찬사를 받았고, 특히 이웃나라인 일본과 중국의 IOC 위원들은 우리의 프레젠테이션에 대해 칭찬을 넘어 부러움까지 표현했습니다.

프레젠테이션에는 2003년 말 돌아가신 이영희 할머니에 대한 스토리텔링 기법을 활용하였습니다. 2010년 동계올림픽 프레젠테이션에서도 등장했던 이 할머니는 한국전쟁으로 북한에 두고 온 아들에게 뒤늦게라도 자신을 기억하라고 머리카락과 유언장을 남기고 돌아가셨습니다. 아들을 그리워하다가 돌아가신 애절한 사연이 소개되자 IOC 총회장은 숙연해졌고, 눈물을 훔치는 IOC 위원들도 있었습니다. 세계 유일한 분단국가인 한반도에서 올림픽을 통해 평화를 정착시켜야 한다는 강한 메시지였습니다.

평창의 프레젠테이션은 분단된 한반도에 평화의 올림픽 정신을 구현하고, 아시아에 동계 스포츠의 붐을 조성한다는 메시지를 중심으로 이영희 할머니를 스토리화(化)하여 IOC 위원들의 감성을 자극했습니다. 그리고 이창동 감독이 연출한 영상을 비롯하여 경쟁 도시를 압도하는 시각자료와 디자인을 선보여 평창의 이미지를 각인시켰습니다.

총 9명으로 구성된 발표단은 방송인 안정현 씨의 세련된 진행이 많은 이들의 관심을 불러일으켰습니다. 안정현 씨는 프랑스어와 영어를 자국어처럼 구사하며 IOC 위원들에게 친근하게 메시지를 전달했으며, 이탈리아 스키황제 알베르토 톰바의 깜짝 화상출연에 맞추어 재치 있는 스피치로 프레젠테이션의 가장 중요한 역할을 하였습니다. 이처럼 평창은 기획-디자인-발표기술이 잘 어우러진 한 편의 드라마로서 가장 감동적인 프레젠테이션을 선보이며 IOC 위원들에게 진한 감동을 전해주었습니다.

미국, 영국과 연합군을 결성한 러시아 소치의 전략

평창 프레젠테이션은 방송인 안정현 씨의 능수능란한 2개 국어(영어와 프랑스어) 구사와 북에 두고 온 아들을 그리다 돌아가신 이영희 할머니에 대한 스토리텔링으로 1차 투표에서 1위를 차지했습니다.

이는 분단 국가인 한반도에 올림픽의 평화 정신을 구현하겠다는 메시지가 IOC 위원들의 감성을 자극했기 때문입니다. 이와 더불어 이창동 감독의 연출력은 경쟁 도시를 압도하는 시각적 매력이 충분했습니다.

그러나 평창은 결선 투표에서 4표 차이로 동계 올림픽 개최지를 러시아 소치에게 내어주고 말았습니다. 평창 동계 올림픽 유치위원회 모두 아쉬움의 눈물을 쏟았던 순간이었죠.

당시 평창은 IOC의 지침에 따라 전반적으로 공정한 경쟁을 하기 위해 노력했지만 러시아 소치의 정치력과 경제력을 앞세운 전방위적인 공세에는 밀릴 수밖에 없었습니다. 특히 과테말라 현지에서는 IOC 위원회 지침의 범위를 넘는 홍보 프로모션을 하지 못하게 되어 있었지만, 러시아 측은 여러 행사들을 독단적으로 진행하기도 했습니다.

당시 함께 경쟁했던 오스트리아 잘츠부르크는 2010년, 2014년 동계 올림픽 유치에 두 번 도전했으나 과테말라 총회에서 유치에 실패한 후 2018년 유치에는 참여하지 않겠다고 선언했습니다. 경제력이 부족한 국가의 경우, 유치 경쟁을 위한 비용이 부담스러울 수밖에 없었기 때문에 오스트리아는 올림픽 정신이 돈으로 훼손되었다면서 불만을 토로했죠.

실제로 2014년 동계 올림픽 유치를 위한 홍보 기간 중에 오스트리아는 250억원 정도를 지출한 것으로 추정되고, 우리나라는 두 배가 넘는 550억원 정도를 지출했다고 합니다. 러시아 소치는 오스트리아와 우리나라의 지출비용을 합친 비용과 맞먹는 750억원 정도를 썼다고 합니다.

▲ 2014 소치 동계 올림픽의 엠블럼

따라서 올림픽 정신이 돈으로 훼손된 게 아니냐는 오스트리아의 주장은 나름대로 설득력 있어 보이지만, 한편으로는 패배자의 변명으로도 평가됩니다.

2014 평창 동계 올림픽 프레젠테이션은 국내 광고기획사가 제작한 'Made in Korea'이었지만, 오스트리아는 2006년 독일월드컵을 유치했던 독일의 한 업체에게 용역을 맡겼고, 러시아는 미국의 세계적인 스포츠 마케팅 기획사와 커뮤니케이션 강국인 영국에 외주를 주었다고 합니다. 어찌보면 우리나라는 러시아와 오스트리아뿐만 아니라 미국, 영국, 독일과 경쟁을 했던 것이죠.

비록 2014 동계 올림픽을 유치하는 데는 실패했지만 한국인의 힘과 노력으로만 만들어낸 평창의 프레젠테이션이 좋은 평가를 받았다는 것만으로도 참으로 자랑스러운 일이었습니다.

러시아는 동계 스포츠 강국이다!

시간이 흘러 다시 되돌아보니 정치력과 자금력으로 승리를 매수했다고 치부했던 러시아 소치의 프레젠테이션도 나쁘지 않았다는 생각이 들었습니다. 나름대로 차별화된 전략과 창의력이 있었기 때문에 IOC 위원들에게 선택받았을 것입니다.

2014 동계 올림픽 유치의 승리자인 러시아 소치의 프레젠테이션을 프로세스별로 분석해 보겠습니다.

● 통찰과 기획

2014 동계 올림픽 유치를 위한 러시아의 통찰은 한마디로 '러시아는 동계 스포츠 강국이다!'였습니다. 러시아는 총 293개의 메달을 딴 동계 올림픽 강국이자 세계 랭킹 1위의 선수들을 가장 많이 보유한 국가입니다. 그런데도 러시아는 그동안 정치적·경제적 이유로 동계 올림픽을 한 번도 유치한 적이 없었으나, 푸틴 대통령의 강력한 지도력과 국영기업인 가즈프롬의 막강한 자금력을 바탕으로 2014 동계 올림픽 유치에 도전할 수 있었던 것입니다. 그 결과 동계 올림픽의 모든 종목에 대한 탁월한 이해와 경기력을 바탕으로 동계 스포츠 강국의 이미지를 활용한 콘텐츠를 기획할 수 있었던 것입니다.

● 시각자료

러시아 소치는 올림픽 유치전 당시, 경기장 시설이 거의 완공되지 않은 상태였습니다. 그래서 러시아 소치는 스티븐 스필버그를 앞세워 할리우드의 컴퓨터그래픽 기술을 활용하여 앞으로 경기장을 어떻게 만들어서 운영할 것인지를 IOC 위원들에게 영상을 통해 보여주면서 어필했습니다.

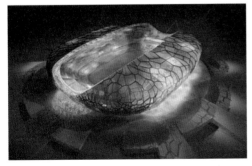

▲ 러시아 소치의 우수한 경기력과 경기장 시설을 표현한 프레젠테이션 슬라이드

○ 발표 기술

2014 동계 올림픽 유치전에서 가장 화제가 되었던 것은 러시아 푸틴 대통령의
영어 연설이었습니다. 올림픽 유치에 국가원수가 직접 나선 적이 없었으나, 역
대 가장 경쟁이 치열했던 2012 하계 올림픽 유치 프레젠테이션에서는 이례적으
로 영국의 토니 블레어 수상이 참여하여 파리를 꺾고 런던에 개최지의 영광을
가져다주는 결과를 얻었습니다. 이에 대한민국과 러시아의 대통령 모두 2014 동
계 올림픽 유치를 위해 발 벗고 나선 것입니다.

특히 푸틴 대통령은 공식 석상에서 단 한 번도 영어로 말한 적이 없었기 때문에
파격적으로 다가왔습니다. 이는 친서방국가의 IOC 위원들을 배려한 전략적 선택
으로 부동표 및 유럽의 표심을 소치로 끌어오는 데 결정적인 역할을 했습니다.

▲ 화제가 된 러시아 푸틴 대통령의 영어 연설

◦ 이미지 연출

러시아 소치의 프레젠테이션 중 필자에게 가장 크게 와 닿았던 것은 러시아 발표단의 구성원이었습니다. '러시아는 동계 스포츠 강국이다!'라는 그들의 통찰과 일관되게 러시아는 전·현직 스포츠 선수들을 중심으로 발표단을 구성했습니다. 물론 러시아 발표단 개개인의 발표 역량이 우리나라의 방송인 안정현씨보다 부족할 수도 있겠지만, IOC 위원들에게 올림피안(Olympian), 즉 선수들에 의한 경기이자 축제라는 올림픽 본연의 정체성을 인식시키는 데는 무엇보다도 좋은 선택이었습니다.

이는 고대 그리스의 철학자 아리스토텔레스가 말한 설득의 3요소 중 에토스에 해당하는 것으로 발표자의 권위와 신뢰, 전문성을 강하게 어필한 것입니다.

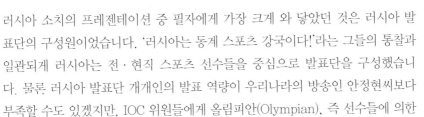

▲ 러시아의 2014 동계 올림픽 유치 발표단

ⓘ 아리스토텔레스의 설득 3요소

고대 그리스 철학자 아리스토텔레스가 말한 것으로 로고스(Logos), 페이토스(Pathos), 에토스(Ethos)를 뜻합니다. 로고스는 이성(理性)을, 페이토스는 감성(感性)을, 에토스는 인성(人性)을 의미합니다.

미국에서는 2003년부터 매년 '프레젠테이션 서밋(Presentation Summit)'이라는 컨퍼런스가 열립니다. 프레젠테이션과 관련된 유명 저자와 전문가들의 강연을 들으며 워크숍을 함께 진행하는데, 2010년에는 4일 간에 걸쳐 샌디에이고에서 열렸습니다. 미국을 비롯한 영국, 인도, 호주, 캐나다 등지의 참가자들이 모여 세미나와 전시회를 통해 프레젠테이션 역량 강화를 위한 내용을 공유합니다.

▲ 프레젠테이션 서밋 홈페이지(www.presentationsummit.com)

이 행사는 원래 '파워포인트 라이브(PowerPoint Live)'라는 명칭으로 처음 시작했습니다. 파워포인트 라이브를 선보인 첫 해에는 파워포인트 사용법, 파워포인트를 활용한 디자인 등 소프트웨어 활용방안에 초점을 맞춰 진행되었으나, 해를 거듭할수록 프레젠테이션 전문가들은 소프트웨어뿐만 아니라 더 풍부하고 심도 있는 내용을 전해야 한다는 필요성을 느끼게 되었습니다.

그래서 2010년부터 행사명을 '프레젠테이션 서밋'으로 바꾸고, 프레젠테이션 전반을 다루기 시작했지요. 설득력 있는 메시지를 전달하는 법, 공감을 이끌어 내는 기법, 청중의 니즈를 반영한 콘텐츠 디자인, 그리고 발표자의 전달력을 높이는 슬라이드 디자인에 대한 내용 등이었습니다. 물론 기존 프레젠테이션 소프트웨어의 활용기법에 대한 것도 빼놓지 않았습니다.

◀ '프레젠테이션 서밋 2010'에서 *Slide:ology* 저자 낸시 뒤아르트와 함께한 장면

멋진 발표자가 되기 위한 Q & A

Q 프레젠테이션에서 파워포인트는 어떤 존재인가요?

A 파워포인트는 프레젠테이션 시각자료를 구성해 주는 도구일 뿐입니다.

과거에는 파워포인트를 프레젠테이션의 전부라고 할 만큼 프레젠테이션에서 파워포인트의 비중이 높았죠. 하지만 현재 파워포인트는 네 가지의 프레젠테이션 구성요소, 즉 기획(Contents), 시각자료(Visual), 발표 기술(Delivery), 이미지 (Presenter Image) 중 시각자료의 도구일 뿐이에요. 따라서 성공적인 프레젠테이션을 원한다면 일련의 프로세스를 충실히 실행해야 합니다.

Q 프레젠테이션을 잘하고 싶은데, 어떻게 해야 하나요?

A 프레젠테이션의 기본기와 통찰력을 키우는 것이 지름길!

프레젠테이션의 대가 하면 항상 스티브 잡스가 떠오릅니다. 청중에게 맞춘 눈높이, 기대감 충족, 명쾌한 스피치 능력은 충분히 배울 가치가 있죠. 하지만 스티브 잡스를 무조건 따라하는 것이 프레젠테이션의 왕도는 아닙니다. 그보다 더 중요한 것은 기본기를 쌓는 것, 즉 프레젠테이션에 대한 통찰 능력을 키우는 것이지요.

프레젠테이션의 목적, 대상, 환경에 대한 파악과 더불어 프레젠테이션 프로세스를 잘 실천하기 위해 수많은 연습을 통해 스스로 체화해 나가면 좋은 발표자로 거듭날 수 있습니다.

Q 프레젠테이션은 공유할 수 있나요?

A 프레젠테이션은 나만의 가치를 모두의 가치로 공유하는 과정이라고 말할 수 있습니다. 프레젠테이션의 목적은 제안, 설명, 동기부여, 오락입니다. 이를 통해서 내가 원하는 방향으로 청중을 변화시켜야 하는 것이지요. 만약 내가 가지고 있는 생각이 가치가 없다면, 청중은 변화하지 않을 것입니다. 청중을 움직일 수 있는 힘, 통찰에 항상 주력하시기 바랍니다.

Contents

프레젠테이션
기획

성공적인
프레젠테이션을
위한 통찰

 (주)플로우 대표이사, 박유진

전국 50여 개의 대학 광고 브랜드 마케팅을 100여 회 이상 진행한 박유진 대표는 제일기획 삼성전자 미디어 AE와 유웨이중앙교육 광고 팀장을 거쳐 현재 브랜드 광고 마케팅 회사 (주)플로우와 (주)나무인터넷, 위메이크프라이스닷컴 마케팅 이사로 재직 중이다.
4년 연속 강의평가 최우수 그룹으로 선정되었던 국가정보대학원 상상력기획서 제작법부터 코오롱 그룹 공채 신입사원, 임페리얼 팰리스 호텔 임직원, 한전KTS 임직원 등 국내 유수 대기업과 공공기관에서 프레젠테이션 강의를 담당하고 있다.

• 홈페이지 powerptgroup.com　　• 이메일 maum74@dreamwiz.com
• 트위터 @PTPARK1

 박유진.wmv

내가 생각하는 최고의 발표자는?

오리온 마케팅 담당 이용찬 부사장

광고계의 레전드로 불릴 만큼 수많은 히트작을 쏟아낸 이용찬 부사장은 우리나라 광고 분야에 몸 담고 있는 사람이라면 누구나 알고 있을 만큼 유명합니다. '초코파이 情' 시리즈부터 참존 화장품의 청개구리 캠페인까지 그의 이름 석 자를 모르는 사람이라도 그가 만든 광고 하나쯤은 기억하고 있을 것입니다.

굵직굵직한 광고회사의 주요 보직을 거쳐 오리온 마케팅 담당 부사장에 오르기까지 그는 자신의 별명인 동방불패답게 경쟁 프레젠테이션에서 실패하는 경우는 손에 꼽을 정도로 성공 가도를 달리고 있습니다.

도대체 이용찬 부사장의 매력이 무엇이기에 경쟁 프레젠테이션에 나가기만 하면 광고주의 마음을 단번에 사로잡을 수 있는 것일까요? 그는 누구나 한번쯤 돌아볼 만한 외모의 소유자도, 현란한 말솜씨로 사람들의 마음을 능수능란하게 다루는 사람도 아닙니다. 그는 이렇게 말합니다.

> "나는 나의 재능을 절대로 믿지 않는다. 모든 것은 노력의 대가일 뿐이다."

이용찬 대표는 절대 자신의 성과에 자만하지 않습니다. 그의 성공 비결은 노력에 달려 있습니다. 그의 장점이라 일컬어지는 탁월한 콘셉트 설정과 예리한 논리 전개 그리고 안정된 성량까지 이 모든 것은 노력에 의해 만들어진 것이라 해도 과언이 아닙니다. 여기에 더해진 연륜과 경험에서 우러나오는 신뢰가 청중의 마음을 자연스럽게 움직인 것입니다.

한국 프레젠테이션의 표준을 제시한 이용찬 부사장.
사람의 마음을 움직일 수 있는 힘은 바로 자신의 노력으로부터 나온다는 사실을 그의 프레젠테이션을 통해 깨닫기 바랍니다.

프레젠테이션 인사이트를 찾아라!

나만의 해답을 찾아라!

프레젠테이션을 할 때 무대의 어느 쪽에 서야 할까요? 청중이 발표자를 바라보았을 때의 오른쪽? 아니면 왼쪽? 정답은 무엇일까요?

우리는 이 문제의 정답을 찾기 위해 고민할 필요가 전혀 없습니다.
왜냐하면 프레젠테이션에는 해답이 있을 뿐 정답은 없기 때문이죠. 정답은 옳고 그름을 판별하는 기준일 뿐 적절하느냐 그렇지 않느냐를 판가름 해줄 수는 없기 때문입니다.

그럼 해답을 찾아볼까요?
프레젠테이션을 진행할 때 무대의 왼쪽에 서든 오른쪽에 서든 말만 잘하면 의견 전달은 잘 되겠지만, 흥미롭게도 발표자가 무대의 어느 쪽에 서 있느냐에 따라 청중이 받아들이는 메시지의 중요도는 달라집니다.

발표장에서 청중은 어느 쪽을 더 선호할까요?
청중은 발표자가 왼쪽보다 오른쪽에 서서 발표하는 것이 훨씬 자연스러워 보인다고 합니다. 그 이유는 바로 대부분의 사람들이 오른손잡이이기 때문이죠.

오른손잡이인 발표자가 무대 왼쪽에 서서 화면을 설명하는 모습을 상상해 보세요. 손가락으로 화면을 가리키거나 칠판에 글을 써야 할 때 발표자는 청중에게 등을 보이게 됩니다. 발표자뿐만 아니라 이를 지켜보는 청중까지도 어색하고 불편함을 느끼게 되죠.

▲ 발표자가 청중이 보았을 때 왼쪽에 서서 등을 보이면서 설명하는 어색한 모습

따라서 무대 오른쪽에 서서 발표를 한다면 청중에게 등을 보이지 않으면서도 오른손으로 화면을 자연스럽게 가리킬 수도 있고, 칠판의 왼쪽에서 오른쪽으로 이동하며 글을 적을 수도 있습니다.

▲ 발표자가 청중이 보았을 때 오른쪽에 서서 오른손을 들어 설명하는 자연스런 모습

말하고 싶은 것을 말하라!

인간 사고의 95%는 무의식 속에서 일어납니다. 뿐만 아니라 의식 속에서 일어나는 나머지 5% 역시 언어로 모두 나타낼 수는 없습니다. 따라서 우리가 사람들과 대화할 때 그들의 의도를 모두 이해하고 더불어 좋은 질문까지 이끌어 낼 수 있다고 생각하는 것은 착각에 불과 합니다.

우리가 진정으로 말하고자 하는 것은 무엇일까요?
이미 무의식 속에 형성되어 있지만 겉으로는 잘 나타나지 않는 본질, 그것을 어떻게 찾을 수 있을까요? 바로 통찰이야말로 우리의 무의식 중에 숨겨져 있는 것을 발견하는 열쇠인 것입니다. 그렇기 때문에 수많은 프레젠테이션 전문가들이 통찰적 관점을 '프레젠테이션 인사이트'라고 칭하는 것입니다.

통찰? 인사이트? 무엇인지 이해하기 힘들다고요? 예를 한 번 들어볼까요?
지금 당장 컴퓨터 자판을 머릿속에 그려보세요. 'R' 자판의 위치는 어디쯤인가요? 'ㅏ' 자판의 위치는요? 자판의 글자 위치를 정확히 알고 있어야만 타자를 잘칠 수 있는 걸까요?
비록 자판의 위치를 지금 당장 그릴 수는 없지만 손으로 익힌 감각과 훈련만으로 말하는 속도만큼 빠르게 자판을 칠 수 있습니다. 이것이 바로 컴퓨터 활용의 인사이트인 셈이죠.

프레젠테이션 역시 언어로 표현하고 머리로 만들어 내기보다는 우선 몸으로 체득해야 합니다. 프레젠테이션은 관객과 함께 호흡하고 공감하는 연극 무대와 같습니다. 관객, 즉 청중을 감동시키기 위해서는 완전히 내 것으로 만든 메시지를 머리가 아닌 가슴과 몸으로 전달해 내는 훈련이 필요합니다.

"People don't know what they know."

"인간 사고의 95%는 무의식에서 일어나고,

나머지 5%도 언어로 나타낼 수 없는 부분이 많다."

– 하버드 비즈니스 스쿨의 제럴드 잘트만 교수

사람들이 기억할 만한 것을 만들어라!

성공 프레젠테이션의 비밀 1 반전

사과나무에서 사과가 익으면 당연히 땅으로 떨어집니다. 이것은 표면적으로 보이는 진실입니다. 하지만 표면 아래의 진실은 지구 중력에 의해 사과가 떨어지는 만유인력의 법칙의 작용입니다. 표면 아래의 진실, 이것이 바로 인사이트입니다.

또 하나의 예를 들어보겠습니다.
머시멜로 위에 초콜릿을 바른 과자, 초코파이는 단순한 초콜릿 과자에 불과합니다. 하지만 언제부턴가 초코파이는 사람 사이의 정(情)을 전달하는 매개체로 인식되기 시작했습니다. 초코파이를 사는 이유가 맛 때문이 아닌 의미를 전달하기 위한 것으로 바뀌게 된 것이죠. 이것이 바로 앞에서 이야기한 이용찬 부사장의 초코파이 인사이트인 것입니다.

이처럼 언뜻 보기에는 A 같지만 알고 보면 B인 구조가 바로 성공 프레젠테이션의 핵심인 인사이트입니다. 프레젠테이션을 듣는 청중은 단순히 A라고 생각했는데 발표자가 B라는 결론을 내리는 순간, 청중의 놀라움은 극대화되고 경쟁 프레젠테이션에서 이길 수 있는 강력한 자산을 형성할 수 있게 됩니다.

성공 프레젠테이션의 비밀 2 공감과 동의

여기 아름다운 열대어가 있습니다. 열대어의 앞모습만 보고도 아름다움을 느낄수 있으신가요?

▲ 열대어 정면

열대어의 진정한 아름다움은 옆모습에 있습니다. 열대어의 옆모습을 보지 못했다면 필자가 말하는 아름다움을 여러분은 공감할 수 없었을 것입니다.

▲ 열대어 옆면

프레젠테이션도 열대어의 아름다움과 같습니다. 똑같은 문제를 놓고 가장 논리적인 해결 방법을 이끌어 내기 위해서는 다양한 관점이 필요합니다. 보이는 표면, 즉 '논리 전개와 근거'가 아닌 숨어 있는 '공감과 동의'가 요구되는 것입니다.

무거울수록 빨리 떨어진다는 아리스토텔레스의 주장은 무려 1500여 년 동안 별다른 반론 없이 지속되어 왔습니다. 하지만 갈릴레이 갈릴레오는 이 주장에 대해 새로운 관점을 제시했습니다. 그는 어떤 인사이트를 갖고 있었던 걸까요?

무거운 것은 빨리 떨어지고 가벼운 것은 천천히 떨어진다는 아리스토텔레스의 이론이 옳다고 가정해 봅시다. 만약 무거운 물체 A와 가벼운 물체 B를 묶어서 떨어뜨리면, 무거운 물체 A는 빨리 떨어지려 하고, 가벼운 물체 B는 늦게 떨어지려 하기 때문에 떨어지는 속도는 두 물체의 평균 속도가 되겠죠. 다시 말해 빨리 떨어지려는 A를 B가 붙잡고 있는 꼴이니 A의 원래 떨어지는 속도보다 느려진다는 것이죠.

▲ 갈릴레이 갈릴레오

하지만 갈릴레오는 이렇게 말합니다.

"A와 B의 무게는 언제나 A보다 무겁다."

결론이 압권이지 않습니까?
별도의 실험을 하지 않아도 간단한 논리 전개에 의해 아리스토텔레스의 이론이 잘못되었음을 증명해낸 갈릴레오의 인사이트는 우리를 충분히 전율하게 만듭니다.

인사이트가 공감되는 순간, 숨어 있는 진실을 발견한 그 때, 우리의 프레젠테이션은 성공하는 것입니다.

새로운 가치, 소음

광고계의 유명한 거물, 데이비드 오길비의 광고 카피 중 최고로 손꼽히는 뉴 롤스로이드의 헤드카피에는 성공 인사이트가 숨어 있습니다.

"시속 60마일로 달리는 뉴롤스로이스 안에서 가장 시끄러운 소리는 전기시곗소리입니다."

▲ 뉴 롤스로이드 광고

평소 별 생각 없이 차를 타고 시동을 걸었던 사람들이 이 광고를 보고 난 후 차 안의 소리에 귀를 기울이게 되었습니다. 그동안 차를 평가하는 기준이었던 디자인이나 엔진 마력 혹은 크기나 편의성이 광고 이후, 조용함과 정숙함으로 점차 바뀌게 된 것입니다. 자동차 광고의 인사이트 덕분에 차를 판단하는 새로운 인식을 만들어낸 셈입니다.

검은 안대를 한 남자, 그는 누구인가?

해더웨이 셔츠 광고는 데이비드 오길비의 인사이트가 정점으로 빛난 성공 사례입니다. 검은 안대를 한 남자 모델이 등장한 셔츠 광고가 도대체 왜 사람들에게 특별하게 느껴진 것일까요?

남자 모델 사진 아래에 적힌 깨알 같은 문구에 데이비드 오길비의 인사이트가 숨겨져 있기 때문입니다. 도대체 검은 안대를 한 사람이 어떤 사연 때문에 셔츠 광고를 하고 있는 걸까요? 이 광고를 접한 미국 사람들은 광고 모델과 셔츠의 상관관계가 무엇인지 너무 궁금한 나머지 버스에서, 집에서, 그리고 회사에서조차 눈에 불을 켜고 글을 읽어내려 갑니다.

빡빡해 보이는 내용에는 해더웨이 셔츠의 우수한 품질과 주문 방법에 대해 자세하게 적혀 있지만, 글을 읽는 사람들은 제각각 자신이 상상하는 내용이 나오길 기대하며 끝까지 읽어나갑니다. 예를 들어 한 남자가 해더웨이 셔츠를 입고 사랑을 고백하러 가던 중 무장 갱단을 만나 한쪽 눈을 잃는 스토리를 말입니다.

> **! 간결한 카피, 시각적 이미지로 유명한 데이비드 오길비**
>
> 데이비드 오길비(David Ogilvy,1911~1999)는 1984년 단돈 6,000달러로 뉴욕에 '휴잇오길비벤슨앤드매더'라는 광고회사를 설립하여 해더웨이 셔츠부터 제너럴 푸드, 아메리칸 익스프레스 등 굵직한 회사들의 광고를 성공시켜 세계적인 광고 회사로 성장시켰습니다.
> 그는 감각에 주로 의존하던 20세기 광고계에서 철저한 소비자 분석과 시장 분석 등의 과학적 광고의 중요성을 강조하여 당시로서는 파격적인 광고를 선보였습니다.
> 현재 영국 WWP 그룹에 인수된 오길비앤더매더사는 100여 개국에서
> 359개 사무소를 운영하고 있습니다.

▲ 데이비드 오길비

해더웨이 셔츠를 입은 남자

(The man in the Hathaway shirt)

미국 남성들이 대량생산으로 만들어 내는 셔츠를 사 입는 것은 잘못된 것이라고 깨닫기 시작했습니다. 해더웨이 셔츠를 입는다는 것은 한두 해의 문제가 아니라 영원하다고 할 수 있습니다. 해더웨이 컬러는 당신을 더 젊고 더 고상해 보이게 합니다. 셔츠를 만드는 데 평생을 다하기 때문에 입어보시면 더 없이 편합니다. 서랍에 더 오래 있을 것입니다. 단추는 자개이며 바느질은 잘 되어 있습니다.

그뿐만 아닙니다. 해더웨이 셔츠는 세계 여러 곳에서 재료를 구해서 만듭니다. 바이엘라와 어텍스는 잉글랜드에서, 모직 타르타는 스코틀랜드에서, 시아이렌드 솜은 인도제도에서, 모직 마드라스 무명은 인도에서, 브로드클로드는 맨체스터에서, 결이 좋은 얇은 삼베는 파리에서, 손으로 짠 실크는 영국에서, 그리고 미국에서는 고급 면포를 독점으로 가져다가 만듭니다. 이렇게 만들어진 해더웨이 셔츠를 입어보시면 틀림없이 만족하실 것입니다.

해더웨이 셔츠는 메인주 워터빌에 있는 작은 공장에서 만들고 있습니다. 종업원은 115년에 걸쳐서 이곳에서 일하고 있습니다. 전국 유명 상점에서 구입하시거나 메인주 워터빌에 있는 해더웨이 회사에 편지로 주문하십시오. 즉시 우송하겠습니다. 가격은 5달러 95센트에서 25달러까지 있습니다.

The man in the Hathaway shirt

성공사례 ④ 한국해양대학교 : 우리에게 바다는 땅입니다!

60년 동안 국립대학교로서 훌륭한 인재를 많이 배출한 한국해양대학교는 부산의 섬 하나를 캠퍼스로 만들어 건립되었습니다. 매년 세계적 규모의 캠퍼스를 구경하기 위해 엄청난 인파가 몰려오지만 방파제 길을 막으면 방문할 수가 없어 배를 타고 가야 하는 불편함이 있습니다.

바닷길을 통하지 않으면 가기조차 힘든 한국해양대학교. 그들에게 바다는 단순한 의미를 넘어 학교가 존재하는 이유인 것입니다. 그런 한국해양대학교의 캐치프레이즈는 60년 동안 거의 다음 주제와 같았습니다.

"우리의 희망은 바다입니다. 인류의 미래는 바다가 개척합니다.
해양강국 대한민국. 해양강국 우리가 달성합니다."

바다가 인류의 미래이고, 해양강국이 우리의 미래라고 말하고 있습니다. 너무나도 상식적인 이야기일 뿐 마음에 와 닿지도, 신선하지도 않습니다. 우리는 이럴 때 관점을 바꾸어 생각해 봐야 합니다. 바다를 단순히 바다로만 생각하는 관점, 그것을 바꿔야 하는 것입니다.

한국해양대학교에게 미래를 펼칠 공간인 바다는 우리가 생각하는 땅과 같습니다. 우리나라 바다는 22만km², 남한만 따지면 10만km² 정도이고, 전 세계 바다는 3억 6,000만km²입니다. 따라서 한국해양대학교가 활동할 무대는 대한민국 면적보다 3,600배나 크고 인류 미래의 70%를 짊어지고 나가야 하는 곳이죠.

대륙이 바다가 되고 바다가 대륙이 되는, 바다와 육지를 바라보는 관점을 바꾼 지금, 한국해양대학교의 휴지통부터 정문, 학교 버스에 이르기까지 교내 구석구석에 한국해양대학교의 인사이트가 담겨 있습니다. 이는 전 구성원에게 공감된 결과가 아닐까요?

한·미정상회담이 끝나고 미국 대통령과 대한민국의 유명인사가 모두 모인 '한·미 친선의 밤' 행사가 세종문화회관에서 열렸습니다. 우리나라를 대표하는 라이브 가수 인순이 씨가 초대 가수로 참여했고요. 흑인 혼혈 가수 인순이 씨의 슬픈 인생사를 굳이 이야기하지 않더라도 그녀가 왜 '한·미 친선의 밤' 행사에 초대되었는지는 미루어 짐작할 수 있겠죠?

초대 가수 인순이씨가 노래를 하기 위해 무대에 올라 첫 인사를 합니다.

"여러분, 한국과 미국 사이에 저 있잖아요!"

그 날 참석한 대부분의 관중은 인순이 씨의 말을 듣고 눈물을 흘리고 맙니다. 그녀의 말은 절대 과장되지도 않았고, 동정의 눈물을 짜내게도 하지 않았습니다. 그 때 소름 돋을 정도로 감동을 받았다는 조영남씨는 이것이 대중의 사랑을 먹고 사는 대중가수가 가야 할 길이라고 이야기했다고 합니다. 단 하나의 문장에 깃든 절절함이 바로 우리가 공감할 수 있는 진정한 인사이트인 것입니다.

프레젠테이션 인사이트를 빛나게 하는 힘, 노력과 도전

프레젠테이션 발표자는 운동 경기에 참가한 선수와 같습니다. 박태환 선수가 올림픽에서 금메달을 딸 수 있었던 원동력은 끊임없는 노력과 지치지 않는 도전정신에서 비롯되었을 것입니다. 만약 그가 수영과 관련된 책만 100권 읽었다면 절대 금메달을 목에 걸지 못했을 것입니다.

프레젠테이션 성공 전략은 따로 있는 것이 아닙니다. 프레젠테이션을 잘하고 싶다면 무조건 많이 해봐야 합니다. 수많은 경험과 시행착오 속에서 청중을 감동시킬 나만의 인사이트를 발견하고 구현해낼 수 있기 때문입니다.

인사이트를 발견하고 구현하는 작업은 쉽지 않습니다. 하지만 어려운 만큼 도전해볼 만한 가치가 있다고 판단됩니다. 사람들은 자신의 의견이 항상 옳다고 생각하기 때문에 프레젠테이션을 청강하면서도 발표자의 의견에 쉽게 공감하거나 감동하지 않습니다. 하지만 그들이 미처 생각해 내지 못했던 새로운 관점과 전개를 접하는 순간, 사람들은 비로소 마음의 문을 열고 새로운 지적 충만이 안겨주는 반전의 통쾌함을 느끼게 됩니다.

호기심에서 출발하여 '아, 그래서 저렇다는 것이구나!' 하고 무릎을 탁 내려칠 때 당신의 인사이트가 청중과 교감되는 순간인 것입니다. 또한 경쟁 프레젠테이션에서 이겼다는 확신을 증명 받는 순간이기도 하고요.

침 튀기며 열심히 청중을 설득하는 것이 성공 프레젠테이션의 비결이 절대 아닙니다. 청중의 입장에서 그들과 공감하고 교감할 수 있는 새로운 관점을 발견하는 것, 그것이 바로 성공 프레젠테이션의 지름길이라고 할 수 있습니다.

지금 당장, 프레젠테이션에서 빛날 나만의 인사이트를 찾기 위한 길을 떠나시기 바랍니다.

멋진 발표자가 되기 위한 Q & A

Q 인사이트를 한마디로 표현한다면 무엇인가요?

A 인사이트 = Discover truth under the surface

인사이트는 우리말로 하면 '통찰'이죠. 영어로 정의해 보면 여러 가지가 있지만 가장 직관적으로 다가오는 정의는 'Discover truth under the surface'예요. 즉, 표면 아래 숨어 있는 진실을 발견하는 직관과 능력이라고 할 수 있죠. 세상에 알려진 놀라운 발견, 발명에는 거의 예외 없이 그 결과물을 만들어 내기 위한 인사이트가 존재했어요. 인사이트가 있었기에 결과물이 아주 멋지게 발현된 것이죠.

Q 프레젠테이션에서 인사이트가 중요한 요소라는 걸 깨닫게 된 계기는 무엇인가요?

A 신병철 박사님의 저서인 《쉽고 강한 브랜드 전략》, 《삼성과 싸워 이기는 전략》, 《통찰의 기술》을 읽으면서 인사이트의 중요성에 대해 깨닫게 되었습니다. 이 책을 접할 당시, 저는 세상을 바라보는 진짜 다른 관점에 매우 목말라 했거든요. 신 박사님의 책을 읽으면서 광고 커리큘럼을 배우고 싶다는 생각을 하게 되었죠. 광고는 대상에 대한 새로운 관점과 색다른 접근에서 출발하는 장르잖아요. 통찰에 관심이 있거나 새로운 시선에 목말라 하는 분들께 신병철 박사님의 책을 추천해 드립니다.

Q 인사이트를 찾는 것이 쉽지 않네요. 발견하는 노하우가 있을까요?

A 인사이트는 생활 어디서나 찾아볼 수 있습니다.

저는 출근하기 위해 현관문을 열고 나와 문을 잠그기 전에 엘리베이터 버튼을 먼저 눌러 놓습니다. 엘리베이터가 올라오는 동안 문을 잠그면 시간이 절약되기 때문이죠. 이러한 사소한 행동 하나도 저의 출근길을 행복하게 만들어 줍니다. 집에서 나오면 문부터 잠가야 한다는 표면적인 생각을 넘어서 내가 무엇 때문에 밖에 나왔는가를 생각했기 때문이죠. 나는 출근을 해야 하고, 그렇기 때문에 현관문을 나선 것입니다. 또한 열쇠로 문을 잠그는 것뿐만 아니라 엘리베이터도,

전철도 타야 하는 출근 과정에서 새롭게 발견한 방법이 넓게 보면 저에게는 훨씬 합리적이라는 것을 통찰을 통해 깨달을 수 있었던 거죠.

인사이트를 찾기 위해서는 부단한 노력과 도전정신이 필요하지만, 이러한 작업을 어렵게만 생각해 머리를 싸매고 고민할 필요는 없습니다. 바로 지금 이 순간에도 여러분의 생활 속에는 인사이트가 함께하고 있답니다.

Q 이기는 프레젠테이션을 위한 비법이 있나요?

A 사람들이 기억할 만한 키워드를 만드세요. 프레젠테이션 주제를 듣고 나서도 생각나는 단어를 꼭 만들어 두어야 합니다. 예를 들어 볼까요?

현대자동차를 수석으로 입사한 한 사원의 이야기입니다. 면접 시간에 늦게 도착한 그는 헐레벌떡 시험장에 들어갑니다. 이 모습을 본 면접관은 그가 얼마나 한심해 보였겠어요. 면접관은 냉소적인 표정으로 그를 향해 질문을 던집니다.

"늦은 이유에 대해 말해보겠어요?"

그는 흐르는 땀을 닦아내면서 "자동차의 생명은 연비라고 알고 있습니다. 저는 제가 소유하고 있는 현대자동차의 연비를 측정하고 싶었습니다. 그 때문에 늦었습니다."라고 말했습니다.

단순하게 차가 밀려서, 늦잠을 자서 등의 핑계를 댔다면 그는 성실하지 못한 사람으로 낙인 찍혔을 것입니다. 하지만 그의 재치 있는 답변이 면접관에게 좋은 인상으로 남을 수 있도록 만들어 주었습니다. 물론 면접관의 열린 사고방식이 그의 지각 사유를 잘 받아들인 덕분도 있겠지만요. 즉, 여러분의 프레젠테이션을 가만히 들여다보면서 내가 타당한 내용을 똑똑하게 잘 말하고 있는지, 청중의 뇌리에 딱 꽂힐 만한 키워드를 잘 전달하고 있는지 잘 따져 보라는 것입니다.

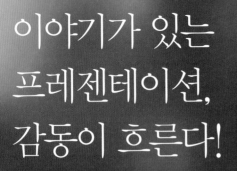

이야기가 있는
프레젠테이션,
감동이 흐른다!

 (주)풍류일가 대표이사, 김우정

김우정 대표는 '삶의 멋과 문화의 감동을 세상 모든 사람들에게 선물하겠습니다.'라는 원대한 꿈을 갖고 2004년 문화 기업 '풍류일가'를 설립했다.
(주)풍류일가는 예술활동을 통해 상상력을 키워주는 팀 버튼의 '감성 교육 프로그램'과 브랜드 스토리텔링 서비스 '스토리콘'을 개발하여 7년간 1,000여 회가 넘는 교육을 진행하고 있다. 김우정 대표는 GS칼텍스 스토리텔링 캠페인 디렉터, 국가브랜드위원회 한국 소개자료 스토리텔링을 담당했으며, 저서로는 《돈과 예술의 경제학》, 《위대한 기업의 선택 문화 마케팅》, 《창조경영 시대의 문화 마케팅》 등이 있다.

· 홈페이지 lutain.co.kr   · 이메일 happy@lutain.co.kr

김우정.wmv

내가 생각하는 최고의 발표자는?

고대 그리스부터 현재까지 아우르는 이어령 박사

2007년, KT미래전략포럼의 여름 심포지엄 기조강연자로 이어령 박사께서 오셨는데, 강연에 앞서 사회자에게 주문하신 내용이 매우 인상적이었습니다.

"저는 한번 강의를 시작하면 시간을 초과하는 경우가 많습니다. 그러니, 사회자가 언제라도 중단시켜 주세요."

그러고는 종이 한 장 없이, PPT 파일 하나 없이, 화이트보드조차 없는 강연이 시작되었습니다. 하지만 이어령 박사의 입에서는 고대 그리스부터 로마, 중국과 인도, 유럽과 미국의 역사가 좔좔 흘러나오기 시작했고 세계의 정치, 경제, 사회, 종교의 철학들이 한 편의 이야기처럼 내 머릿속에 입력되었습니다.
예정되었던 1시간 30분의 강연은 이미 훌쩍 넘어 2시간 가까이 지났건만 누구 하나 시계를 쳐다보는 사람은 없었습니다. 그러나 단 한 사람, 행사 시간을 엄수해야 하는 사회자가 단상에 올라가 마이크를 들고 조용히 한마디 했습니다.
"저, 교수님~." 그러자 이어령 박사는 바로 강연을 마치셨습니다. 방청객은 모두 기립하여 끝없는 박수갈채를 보냈습니다.

해박한 지식과 열정으로 강의에 빠져들게 하는 김용옥 교수

2008년, 미래문화포럼의 세미나에서 도올 김용옥 교수는 '동아시아 평화와 남북한의 역할'이라는 주제로 하얀 화이트보드를 모니터 삼아 강연을 했습니다.
동아시아 100년의 역사가 마치 주마등처럼 지나갔습니다. 이야기는 현재 한국의 정치상황까지 이어졌고, 강연은 예정된 2시간을 넘어 3시간을 향해 달려갔습니다. 나는 주변을 둘러보았습니다. 객석을 가득 채운 100명의 경영자들은 어느 누구도 자리를 떠나지 않았습니다.

위대한 발표라는 건, 사람을 짓누르는 것이 아니라 빠져들게 만드는 것이 아닐까요? 1시간을 1분처럼, 하루를 순간처럼, 일생을 찰나처럼 만드는 것, 바로 그것이 위대한 발표입니다.

스토리텔링에 승부를 걸어라!

스토리텔링은 구라다!

스토리텔링은 문화 산업에서 이야기를 만들고 전달하는 전략적 활동을 뜻하는 용어입니다. 영화, 게임, 드라마 등의 콘텐츠 산업뿐만 아니라 최근에는 기업 마케팅과 도시 브랜딩, 공간경영, 교육 등의 다양한 분야에서 널리 활용되고 있습니다.

스토리텔링에 대해 좀 더 쉽게 정의해 볼까요? 스토리텔링은 이야기를 뜻하는 '스토리(Story)'에 말하기를 뜻하는 '텔링(Telling)'을 합친 것으로 이야깃거리라고 볼 수 있습니다. 한마디로 이렇게 표현합니다.

"스토리(Story) + 텔링(Telling) = 구라(口羅)"

여기서 말하는 구라는 흔히 생각하는 거짓말이나 이야기를 뜻하는 속된 말이 아니라 입 구(口)에 비단 라(羅)를 써서 '비단 같이 말하는 기술'을 말합니다. 비단으로 감싸듯이 이야기의 본질을 사람들에게 전달하는 것입니다.

사람들이 좋아하는 이야기를 찾아라!

"천 냥 빚도 말 한마디로 갚는다."는 속담처럼, 잘 만든 이야기 하나가 듣는 이에게 값비싼 광고보다 훨씬 큰 효과를 창출하기도 합니다.

그렇다면 사람들은 왜 이야기를 좋아할까요? 이야기는 단순히 감성으로만 받아들이는 것이 아니라 측두엽을 통해 이성적, 과학적, 생물학적으로 받아들여지기 때문입니다.

이야기를 저장하는 곳인 측두엽은 로버트 아벨슨이 발견한 뇌의 한 영역으로, 단순히 정보를 저장하는 곳과 구분되며 이렇게 측두엽에 저장된 이야기는 단순정보에 비해 훨씬 오랫동안 기억됩니다.

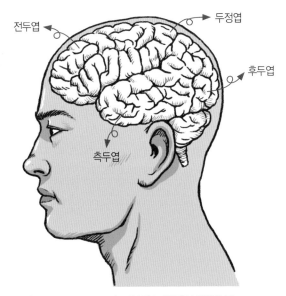

▲ 측두엽은 이야기 저장영역 존재(Episodic-memory Region)로 단순정보 저장영역과 구별됩니다.

측두엽을 통해 저장된 이야기는 일반적인 이야기와 무슨 차이가 있을까요?

초등학교 시절, 함께 공부했던 짝꿍의 이름을 한번 떠올려 보세요. 좋아했다거나 크게 싸운 일이 없으면 아마 기억하기 어려울 것입니다. 그러나 그 시절에 봤던 TV 만화 영화 주인공 이름은 기억합니다. 한 번 확인해 볼까요? 〈플란다스의 개〉에 나오는 주인공 이름이 뭐죠? 개 이름은요?

〈플란다스의 개〉를 보신 분이라면 대부분 네로와 파트라슈를 기억할 것입니다. 이처럼 우리는 만화 속 주인공과 개의 이름은 기억하지만, 어린 시절 같이 지낸 짝꿍의 이름은 잘 기억하지 못합니다. 사실로 기억하느냐, 이야기로 기억하느냐에 따라 기억되는 정도가 다른 것입니다. 이것은 바로 스토리가 가진 힘입니다.

성공 사례 ① 평범한 제품을 특별하게! 에비앙은 물이 아니다!

세계 최초로 물을 상품화한 기업이자 고급 생수 시장에서 1등을 고수해 오고 있는 에비앙은 스토리텔링의 대표적인 성공 사례입니다.

에비앙은 돈을 주고 물을 사먹는다는 개념이 생소했을 시절, 신장결석을 앓던 프랑스의 한 후작이 에비앙 지역의 우물물을 마시고 완쾌했다는 이야기에 착안하여 탄생했습니다. 에비앙은 1878년 프랑스 정부의 공식 판매 허가를 받아 최초로 상품화했습니다.

하지만 에비앙의 탄생 이야기에 프랑스 후작의 이름은 언급되지도 않았을 뿐더러 누구 하나 100여 년 전 이야기가 사실인지 증명해줄 수조차 없습니다.

그렇다면 그동안 우리는 에비앙에 속고 있었던 걸까요?

아닙니다.

에비앙의 탄생 이야기는 에비앙이 단순히 물이 아니라 인체에 유익한 미네랄 성분을 다량 함유하고 있는 약이라는 점을 사람들에게 각인시키는 마케팅이었던 것입니다.

사람들은 돈을 주고 물을 사먹는 것은 아까워하지만, 건강을 위해 약을 사먹는 데는 돈을 아끼지 않습니다. 이런 사람들의 심리를 이용해 에비앙은 물이 아닌 몸에 좋은 물, 즉 약을 파는 회사로 인식된 것입니다.

1995년 현대 자동차 그랜저 광고를 살펴볼까요?

글자가 너무 많아 읽기조차 어렵습니다. 좋은 기능이 많이 포함되어 있는 것 같은데 일일이 눈으로 따라 읽어보려고 하니 귀찮기만 합니다. 하지만 1995년에는 이런 식의 광고가 유행했습니다.

소비자는 자동차의 기능성과 합리성을 정확하게 알고 싶어 했기 때문에 지면에 깨알 같은 글씨로 기능 위주의 정보를 빽빽하게 채워 넣을 수밖에 없었던 것이죠.

▲ 1995년 그랜저 지면 광고

▲ 2010년 그랜저 TV 광고

1990년대에 위와 같은 광고를 만들었다면, 광고주에게 퇴짜 맞기 십상이었을 것입니다. 하지만 지금은 어떤가요? 자동차의 놀라운 성능, 합리적인 가격 등은 중요하지 않습니다. 내가 타고 다니는 자동차는 현재 나의 성공을 나타내는 하나의 지표인 것입니다. 결국 그랜저는 자신의 이야기가 되는 것입니다.

발표자의 95%는 이성으로 설득하고, 고객의 95%는 감성으로 선택한다!

쇼핑센터나 할인점, 백화점에서 물건을 선택할 때 고객에게 가장 중요한 것은 물건의 가치입니다. 요즘 전셋집에 살면서도 외국차를 끌고 다니는 사람, 백수이면서도 스마트폰을 사는 사람이 너무 많습니다. 왜 그럴까요? 비싼 돈을 내고서라도 사용할 만한 가치가 있기 때문입니다.

요즘 광고를 보면 도대체 어떤 제품의 광고인지 헷갈릴 정도로 감성적입니다. 우리는 감성의 시대에 살고 있기 때문입니다. 감성적 광고 사례를 좀 더 살펴볼까요?

한가롭게 노를 젓고 있는 남자의 모습이 보입니다. 광고하고자 하는 대상이 무엇인지 짐작이 가시나요? 이 광고는 소음을 완전히 차단시키는 헤드폰의 특징을 보여주는 감성적 광고입니다. 헤드폰을 낀 남자가 음악에 취해 폭포 소리를 듣지 못할 정도로 헤드폰이 주는 즐거움이 크다는 것을 보여주는 것이죠.

나도 스토리텔링을 만들 수 있다!

많은 사람들은 저에게 질문합니다.
"스토리는 만들 수 있나요?"

그러면 저는 이렇게 대답합니다.
"소재가 있어야 스토리가 나옵니다."

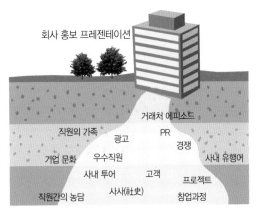

▲ 스토리를 세우기 위한 자원

이준기씨의 데뷔작인 영화 〈왕의 남자〉를 보셨나요?
〈왕의 남자〉는 본래 〈이(爾)〉라는 연극을 원작으로 한 것입니다. 이 연극은 《조선왕조실록》에 이준기씨가 연기한 공길이 연산군 앞에서 공연을 했다는 한 줄짜리 기록에서 출발한 것입니다. 나머지는 모두 허구인 셈이죠.
한류열풍을 일으킨 TV 드라마 〈대장금〉 또한 《조선왕조실록》에 대장금이란 여자가 어의가 되었다는 한 줄을 이용해 만든 이야기입니다.

이처럼 소재는 어느 곳에서나 구할 수 있습니다.
심지어 친구들과 한 농담에서도 찾을 수 있지요. 여기에 상상력만 덧붙이면 누구나 스토리텔링을 만들 수 있습니다.

스토리텔링과 플롯을 연구하라!

서사의 다른 이름, 스토리텔링

스토리텔링이라는 말은 생긴 지 20년도 채 안 되었으며, 이전에는 서사(Narrative)라는 말을 사용했습니다. 서사는 이야기와 담화로 나뉘는데, 이야기(Story)는 그 안에 존재하는 인물이 처한 환경에서 행동이나 사고를 통해 일어난 내용을 말합니다. 담화(Discourse)는 시간의 흐름에 따라 언어나 그림, 몸짓, 음악 등을 이용하여 말하고자 하는 것을 표현하는 방식을 말하는 것으로, 이 이야기와 담화를 합쳐서 서사라고 부릅니다.

다음은 시모어 채트먼이라는 서사학자가 만든 서사의 구조입니다.

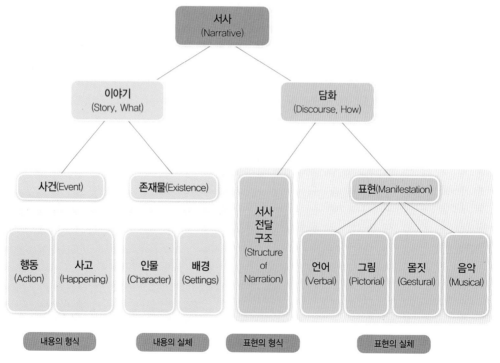

▲ 시모어 채트먼의 서사 구조

그렇다면 서사를 이루는 본질은 무엇일까요?

또 다른 서사학자인 로버트 켈로그가 정리한 내용을 바탕으로 설명해 보겠습니다.

이야기(Story)는 소설의 3요소인 인물, 사건, 배경을 떠올리면 쉽습니다. 이야기의 3요소는 인물, 플롯, 환경입니다. 여기서 가장 중요한 것은 플롯입니다. 플롯은 인과관계에 의해서 만들어진 것으로, 시간 순시에 따라 전개되는 줄거리와는 다릅니다. 플롯에 따라 우리는 이야기에서 재미를 느낄 수도, 느끼지 못할 수도 있습니다.

담화(Discourse) 또한 소설을 통해 설명할 수 있습니다. 소설은 어떤 시점에서 내용을 전달하느냐에 따라 표현이 달라집니다. 마찬가지로 화자가 청자에게 어떤 방식으로 이야기를 전달하느냐에 따라 이야기는 완전히 바뀔 수 있습니다. 예를 들어, '해리 포터'를 책으로 읽었을 때와 영화로 보았을 때의 감동이 다른 것처럼 말이죠.

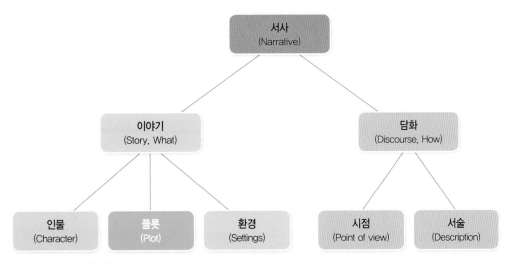

▲ 로버트 켈로그의 서사 본질

플롯, 끊임없이 변할 수 있는 공작용 점토

이야기(Story)의 요소 중 가장 중요한 것은 플롯입니다. 그렇다면 플롯은 왜 중요할까요? 영화나 소설을 보고 재미있다고 평가하는 기준은 크게 두 가지인데, 하나는 인물의 감정에 공감할 때이고 다른 하나는 바로 사건의 인과관계인 플롯에 감동 받았을 때입니다.

플롯이 적용될 때와 적용되지 않은 때를 살펴서 플롯의 중요성을 명확하게 알아보도록 하죠. 고전소설 〈춘향전〉을 예로 들겠습니다.

플롯 X	플롯 O
그 후 성춘향과 이몽룡은 아들 딸 낳고 오래 오래 잘 살았다.	성춘향은 기생의 딸이지만 사또의 아들인 이몽룡과 결혼하고자 한다. 그런데 신관 사또 변학도가 이 같은 성춘향을 핍박한다.

오른쪽 이야기와 왼쪽 이야기 중 어느 쪽에 더 흥미가 생기나요? 모두 오른쪽을 선택할 것입니다. 두 이야기의 차이는 바로 플롯에 있습니다. 오른쪽 이야기에는 드라마에 주로 나오는 삼각관계와 신분의 차이를 뛰어넘는 사랑이라는 두 개의 플롯이 포함되어 흥미를 유발합니다. 이렇게 유발된 흥미는 이야기의 가치를 만듭니다.

이와 같이 플롯은 끊임없이 변할 수 있는 공작용 점토라 할 수 있습니다. 플롯은 단순한 사실의 나열을 가치를 지닌 이야기로 탈바꿈할 수 있도록 돕습니다.

좋은 플롯의 8가지 원칙

위대한 작가도 플롯에서 아이디어를 빌려옵니다. 다시 말하면, 여러분도 자신만의 플롯을 만들 수 있다는 뜻입니다. 우선 유명한 소설이나 시청률이 높았던 TV 드라마를 보면서 이미 만들어진 플롯을 분석해 보세요. 이를 통해 일반적으로 사람들이 좋아하는 구조를 익힐 수 있고 그 결과 창조적인 플롯을 만들 수 있습니다. 그러면 좋은 플롯이 갖추어야 할 8가지 원칙이 무엇인지 살펴볼까요?

○ 첫째, 긴장이 없으면 플롯이 없다.

손자, 손녀에게 이야기를 들려주기 위해 만들어진 《반지의 제왕》이라는 소설은 요정, 난쟁이, 마법사, 사람으로 구성된 반지원정대와 이를 방해하는 세력의 등장으로 긴장을 발생시켜 이야기를 만들어 나갑니다.

○ 둘째, 대립하는 세력으로 긴장을 만들어야 한다.

반지원정대와 대립하는 세력은 누구인가요? 악의 세력인 사우론입니다.

○ 셋째, 대립하는 세력을 키워 긴장을 고조시켜야 한다.

대립하는 세력은 힘이 세야 긴장이 고조됩니다. 만약 사우론의 세력이 약했다면 반지원정대가 아니라 반지 들고 소풍 가는 것과 같겠지요.

사우론이 없다면 우리는 소풍 가는 원정대겠지!

◦ 넷째, 등장인물의 성격은 변해야 한다.

약해빠진 등장인물이 강해지거나 나쁜 등장인물이 착해지는 등 입체적인 면모를 지녀야 합니다.

◦ 다섯째, 모든 사건은 중요한 사건이 되도록 한다.

중요하지 않은 사건이 많으면 청중의 긴장감을 흐리게 하여 이야기의 힘을 떨어뜨립니다. 따라서 모든 사건은 내용 안에서 의미 있으면서 중요해야 합니다.

◦ 여섯째, 결정적인 것을 사소하게 보이도록 한다.

모든 사건은 중요한 사건이어야 하지만 결정적인 문제로 그대로 드러내서는 안 됩니다. 편안해 보이는 글 속에 중요한 문제를 녹여 놓음으로써 청중의 몰입을 이끌 수 있습니다.

◦ 일곱째, 복권에 당첨될 기회는 남겨둔다.

주인공에게 행운이 따라줘야 청중이 "그럴 수 있어!"라고 공감할 수 있습니다. 주인공이 일반인과 같으면 청중은 몰입할 수 없습니다.

◦ 여덟째, 클라이맥스에서는 주인공이 중심 역할을 하게 만든다.

TV 드라마 〈선덕여왕〉의 주인공은 덕만이지만, 비담도 떠오르고 미실도 떠오릅니다. 비담, 미실이 훨씬 매력적이었지만 결국 신라를 위대한 나라로 만든 사람은 덕만이었습니다.

! 주로 사용하는 플롯 20가지

주로 사용하는 플롯에는 20가지가 있습니다. 돈키호테의 추구의 플롯, 햄릿의 복수의 플롯 등입니다. 이 가운데 라이벌은 미국 히어로물에 자주 나오는 플롯이죠. 그리고 금지된 사랑, 로미오와 줄리엣과 같은 플롯은 지금도 즐겨 쓰고 있지요.

플롯	종류	내용	사례
1	추구	돈키호테는 사랑을 얻을 것인가?	돈키호테
2	모험	관객도 주인공과 함께 모험을 즐길 수 있게 하라.	걸리버 여행기
3	추적	도망자의 길은 좁을수록 좋다.	레미제라블
4	구출	흑백논리도 설득력이 있다.	황야의 7인
5	탈출	두 번 실패한 다음 성공하게 하라.	빠삐용
6	복수	범죄가 끔찍할수록 복수는 호응을 얻는다.	햄릿
7	수수께끼	수수께끼는 독자에게 차원 높은 도전을 요구한다.	오이디푸스
8	라이벌	사자 대 사자보다 사자 대 여우의 대결이 더 흥미롭다.	모비딕
9	희생자	전체에 대항하는 소수의 이야기.	신데렐라
10	유혹	유혹에는 치명적인 대가가 따른다.	파우스트
11	변신	변하는 인물에는 미스터리가 있다.	드라큘라
12	변모	변화의 책임을 누가 질 것인가?	피그말리온, 마이 페어 레이디
13	성숙	서리를 맞아야 맛이 깊어진다.	호밀밭의 파수꾼
14	사랑	시련이 클수록 꽃은 화려하다.	러브스토리
15	금지된 사랑	사랑, 빗나간 열정은 죽음으로 빚을 갚는다.	로미오와 줄리엣
16	희생	운명의 열쇠가 도덕적 난관을 만든다.	아브라함과 이삭
17	발견	사소한 일에도 인생의 의미가 담겨 있다.	떠돌이 세일즈맨의 죽음
18	지독한 행위	행위, 사소한 성격, 결함이 몰락을 부른다.	오셀로, 아내의 유혹
19~20	상승과 몰락	상승과 몰락의 주인공은 자석과 같다.	대부, 암굴왕

81

프레젠테이션에 스토리텔링을 적용하라!

스토리텔링이 적용된 프레젠테이션은 청중에게 전달한 내용을 오래 기억할 수 있게 합니다. 스토리가 있는 프레젠테이션은 관심을 일으키고 몰입하게 만듭니다. 몰입이 시작되면 감동이 찾아옵니다. 마지막으로 감동은 행동으로 표현됩니다. 즉, 프레젠테이션에 이야기가 흐르면, 청중의 감성을 좌우하여 성공적인 결과를 이끌어낼 수 있습니다.

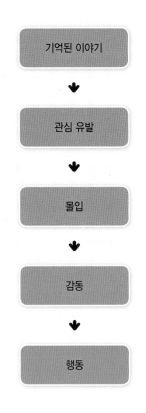

프레젠테이션에서 스토리텔링은 각색·편집·편곡을 의미합니다. 각색이 없는 작품은 없습니다. 특히 고객에게 선을 보이기 위해서 반드시 하는 작업입니다. 영화의 편집 역시 마찬가지입니다. 편집 작업 없이 뒤죽박죽 촬영된 필름을 본다면 어떤 감동을 느낄 수 있을까요? 음악 역시 편곡을 거쳐야 스테레오로 감상할 수 있습니다.

이제부터 프레젠테이션에 스토리텔링을 적용하기 위한 프로세스를 배워보겠습니다.

프레젠테이션 스토리텔링 : 헌법재판소 창립 20주년 경과보고

실제 진행했던 헌법재판소 창립 20주년 경과보고에 관한 프레젠테이션을 통해 스토리텔링을 적용하는 방법을 배워보겠습니다. 우선 원본을 보면서 공기관의 특성을 파악해 봅니다. 딱딱하고 지루한 프레젠테이션을 몰입도 높은 감성 프레젠테이션으로 바꿔보겠습니다.

 각본 분석 : 핵심 키워드를 배열한다.

각본분석은 여러 장의 슬라이드를 구조별로 배열하는 것부터 시작합니다. 도입–전개–결말의 구조로 배열한 후 구조의 각 부분에서 핵심 키워드를 추출합니다. 핵심 키워드는 각 슬라이드의 제목인 경우가 많습니다.

도입부 : 헌법재판소 창립 20주년 경과보고, 헌법재판소의 구성

전개부 : 심판지원 조직, 심판활동, 심판지원활동, 국제교류 · 협력활동, 청사

결말부 : 맺음말

도입–전개–결말의 구조로 헌법재판소 창립 20주년 경과보고 원본 슬라이드를 구분해 보겠습니다.

도입부

전개부

결말부

헌법재판소의 구성

초대 조규광 헌법재판소장　제2대 김용준 헌법재판소장　제3대 윤영철 헌법재판소장

제4대 이강국 헌법재판소장

심판지원활동

국내 최대의 공법전문도서관

20th Anniversary of Constitutional Court of Korea

심판지원활동

헌법재판업무 정보화 | 재판자료 데이터베이스화
대국민서비스 강화

대한민국헌법

20th Anniversary of Constitutional Court of Korea

청 사

헌법재판소

프로세스 ② 기초 각색 : 핵심 키워드를 정리하여 새로운 의미를 부여한다.

각본 분석 단계에서 추출한 핵심 키워드를 주어, 목적어, 서술어로 정리합니다. 주어, 목적어, 서술어가 모여 하나의 문장이 완성되고, 이렇게 완성된 문장이 모여 스토리를 만들어 냅니다.

헌법재판소 창립 20주년 경과보고 프레젠테이션의 핵심 키워드는 '20주년', '성년식', '제1의 헌법기관' 등입니다.

이제 추출한 핵심 키워드에 새로운 의미를 부여합니다. 20주년이 의미하는 바를 곰곰이 생각해 보세요. 성년식의 의미를 부여해서 수호의 의미를 주는 것도 좋을 듯 합니다. 하지만 약간 식상하고 상투적인 느낌이 나네요. 그렇다면 숫자를 강조하는 것은 어떨까요? 숫자가 주는 이성적인 느낌이 공기관의 특성과 맞아 떨어져 적합하다는 생각이 듭니다.

프로세스 ③ 장르 선택 : 프레젠테이션의 성격을 파악한다.

이제 장르를 선택할 차례입니다. 발표자가 선호하는 장르를 골라서는 안 됩니다. 프레젠테이션의 성격과 가장 어울리는 장르를 선택해야 합니다.
그럼, 헌법재판소 프레젠테이션에 가장 적합한 장르는 무엇일까요?

헌법재판소 프레젠테이션은 사실 위주의 옴니버스식 구성으로 되어 있습니다. 따라서 이성적이고 논리적인 다큐멘터리를 선택하면 잘 어울릴 것 같습니다.

액션	어드벤처	느와르	SF	스릴러	미스테리	호러
애니메이션	코미디	로맨스	드라마	아동	가족영화	판타지
다큐멘터리	뮤지컬	옴니버스	로드무비	오컬트	패러디 등	

▲ 스토리텔링의 장르

프로세스 ④ 제목 결정 : 제목은 모든 것을 포함한다.

제목은 프레젠테이션의 완성입니다.

영화를 볼 때 사전 정보가 없을 경우 제목만 보고 선택하는 것처럼, 프레젠테이션 스토리텔링의 성공 여부를 결정 짓는 것은 바로 제목의 완성도입니다.

목에 '한푼 줍쇼'라는 문구를 걸고 다닌 시각장애인은 하루에 많이 벌어도 1,000원 정도가 전부였습니다. 이를 안타깝게 생각한 카피라이터가 시각장애인이 목에 걸고 다니던 판의 문구를 고쳐주었습니다. 그러자 하루에 겨우 1,000원을 벌기도 힘들었던 시각장애인의 수입이 2~3만원으로 껑충 뛰었다고 합니다. 과연 그 문구는 무엇이었을까요?

"저는 봄이 와도 봄을 볼 수 없습니다."

주머니에 저절로 손이 갈만큼 다른 어떤 문구보다 안타까운 마음이 듭니다. 제목은 이렇게 중요합니다. 이처럼 제목 하나가 프레젠테이션의 모든 것을 결정할 수 있습니다.

그렇다면 '헌법재판소 창립 20주년 경과보고'를 어떻게 바꾸면 좋을까요? 핵심 키워드인 숫자를 이용해 '숫자로 보는 헌법재판소 20년'으로 제목을 바꿔보겠습니다. 다큐멘터리 장르를 적용한 프레젠테이션이 어떻게 바뀌었는지 한 번 확인해 볼까요?

도입부

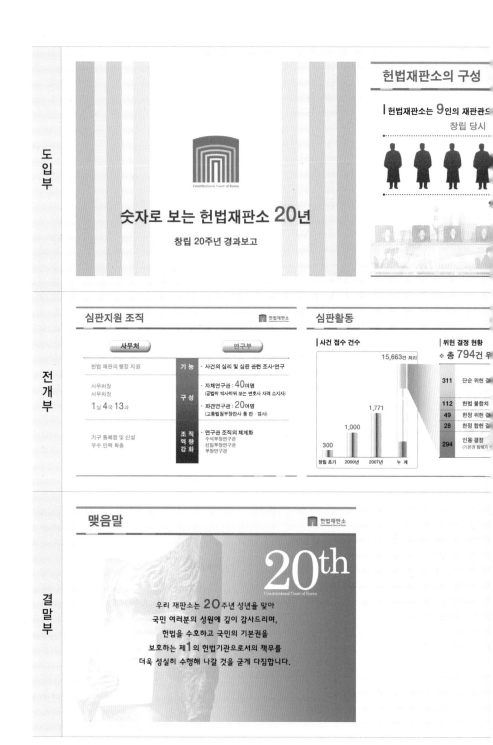

헌법재판소의 구성

| 헌법재판소는 **9**인의 재판관으
창립 당시

숫자로 보는 헌법재판소 **20**년

창립 20주년 경과보고

전개부

심판지원 조직 · 헌법재판소

사무처   연구부

헌법 재판의 행정 지원

사무처장
사무차장
1실 **4**국 **13**과

기구 통폐합 및 신설
우수 인력 확충

기 능	· 사건의 심리 및 심판 관련 조사·연구
구 성	· 자체연구관 : **40**여명 (공법학 박사학위 또는 변호사 자격 소지자) · 파견연구관 : **20**여명 (고등법원부장판사 룡 판 · 검사)
조 직 역 량 강 화	· 연구관 조직의 체계화 수석부장연구관 선임부장연구관 부장연구관

심판활동

| 사건 접수 건수

15,663건 처리

1,771

1,000

300

창립 초기   2000년   2007년   누 계

| 위헌 결정 현황
❖ 총 **794**건 위

311	단순 위헌 결
112	헌법 불합치
49	한정 위헌 결
28	한정 합헌 결
294	인용 결정 (기본권 침해가

결말부

맺음말 · 헌법재판소

20th
Constitutional Court of Korea

우리 재판소는 **20**주년 성년을 맞아
국민 여러분의 성원에 깊이 감사드리며,
헌법을 수호하고 국민의 기본권을
보호하는 제**1**의 헌법기관으로서의 책무를
더욱 성실히 수행해 나갈 것을 굳게 다짐합니다.

헌법재판소

헌법재판소의 구성

헌법재판소

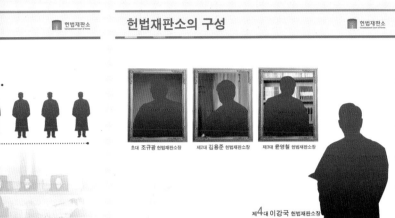

초대 조규광 헌법재판소장   제2대 김용준 헌법재판소장   제3대 윤영철 헌법재판소장

제4대 이강국 헌법재판소장

심판지원활동

헌법재판소

개국   개 기관과 교류하는 국내 최대의 공법전문도서관

20th Anniversary of Constitutional Court of Korea

국제교류·협력활동

헌법재판소

| 세계헌법재판소장회의 개최

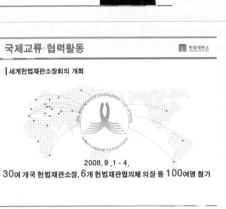

2008. 9 .1 - 4.

30여 개국 헌법재판소장, 6개 헌법재판협의체 의장 등 100여명 참가

발표자는 프레젠테이션 스토리텔링의 주인공

스토리텔링이 적용된 프레젠테이션은 단순히 사실만 전달하는 것이 아니라 청중의 관심을 유발하고 감동을 전하는 이야기인 것입니다. 따라서 딱딱한 비즈니스 협상이 아니라 청중과 친구처럼, 가족처럼 이야기하듯이 프레젠테이션을 진행할 수 있습니다.

프레젠테이션에 스토리가 담겨 있다고 해서 모두 성공하는 것은 아닙니다. 청중이 스토리에 몰입할 수 있도록 발표자는 연습을 해야 합니다. 프레젠테이션 스토리텔링의 주인공은 발표자입니다. 발표자만의 개성이 묻어나는 진심어린 연기를 시작해야 합니다.

'숫자로 보는 헌법재판소 20년' 프레젠테이션은 다큐멘터리 해설자가 된 기분으로 연습을 해야 합니다. 특히 콘셉트와 제목의 악센트, 핵심 키워드였던 숫자를 강조해야 합니다.

위대한 배우는 무대에서 내려와서도 캐릭터를 잃지 않습니다. 따라서 질의응답 시간에도 캐릭터를 끝까지 유지하는 것이 중요합니다.

기억에 남는 명대사 만들기

누구나 기억에 남는 영화나 드라마의 대사가 있습니다. 대사 자체가 감동적이기도 하지만, 함축적으로 전달하기 때문에 전체 이야기의 흐름을 담아 호소력 높은 감동을 주는 것입니다.

사례 ❶ "널 부숴버리겠어."

우리나라에서 최고의 스토리텔러, 김수현 작가의 〈인생은 아름다워〉는 우리가 그동안 갖고 있던 동성애에 대한 불편한 인식을 바꾸어 주었습니다. 주인공 송창의를 보면 짠한 마음이 저절로 듭니다.

"널 부숴버리겠어.", "나쁜 놈 가만두지 않을 거야."

이 대사를 기억하시나요? 여주인공을 배신한 남자에게 자신의 억울하고 비통한 심정을 한마디로 쏟아낸 〈청춘의 덫〉의 명 대사입니다. 시청자는 여주인공이 구구절절 말하지 않아도 이 한마디면 그녀의 심정을 충분히 이해할 수 있는 것이죠.

사례 ❷ "시도란 건 없어, 하거나 혹은 안 하거나 둘뿐이야."

영화 〈스타워즈〉에도 명 대사가 있습니다. 주인공 루크가 비행선 진입에 실패하자 900살 먹은 요다는 이렇게 말을 합니다.

"시도란 건 없어, 하거나 혹은 안 하거나 둘 뿐이야."

만약 요다가 "포기하지 말고 다시 해보렴. 넌 할 수 있어"라고 했다면 식상한 대사가 됐을 것입니다. 의미가 똑같은 말이라 하더라도 그것이 주는 강렬함의 차이는 극과 극인 것입니다.

프레젠테이션에서 가장 중요한 것 : 진정성

화려한 미사여구로 포장한 이야기보다 중요한 것은 그 안에 담긴 진정성입니다. 리얼리티라고 이야기하죠. 이야기에 진심이 들어 있어야만 사람들은 감동을 받습니다. 따라서 포장이나 기술에 현혹되는 것보다 전달하고자 하는 프레젠테이션의 성격과 진정성이 무엇인지를 정확하게 깨닫는 것이 중요합니다.

이야기 속의 진정성이란 무엇인지 백범 김구 선생의 '나의 소원'을 통해 느껴보고자 합니다. 이미 60년 전에 문화야말로 우리나라가 미래에 지향해야 할 성장동력이라고 주장한 김구 선생의 말씀은 아무리 힘든 상황에서도 필자를 여러분 앞에 서게 하는 원동력이 됩니다. 자, 그럼 김구 선생의 진정성이 담긴 '나의 소원' 중 한 부분을 소개해 보겠습니다.

"나는 우리나라가 세상에서 가장 아름다운 나라가 되기를 원합니다. 가장 부강한 나라가 되기를 원하는 것은 아닙니다. 내가 남의 침략에 가슴이 아팠으니 내 나라가 남을 침략하는 것은 원치 아니합니다. 우리의 부력은 우리의 생활을 풍족히 할 만하고 우리의 강력은 남의 침략을 충분히 막을 만하면 족합니다. 오직 한없이 가지고 싶은 것은 높은 문화의 힘입니다. 문화의 힘은 우리 자신을 행복하게 하고, 나아가서 남에게 행복을 주겠기 때문입니다.

인류가 현재 불행한 근본 이유는 인의가 부족하고, 자비가 부족하고, 사랑이 부족하기 때문입니다. 인류의 이 정신을 배양하는 것은 오직 문화입니다. 나는 우리나라가 남의 것을 모방하는 나라가 되지 말고, 이러한 높고 새로운 한 문화의 근원이 되고, 목표가 되고, 모범이 되기를 원합니다. 그래서 진성한 세계의 평화가 우리나라에서, 우리나라로 말미암아서 세계에 실현되기를 원합니다."

– 백범 김구 선생의 '나의 소원' 중에서

멋진 발표자가 되기 위한 Q & A

Q 스토리텔링이 잘 된 모범 사례를 소개해 주세요.

A 스토리텔링은 광고와 영화에 가득 들어 있어요.

사람의 뇌 가운데 측두엽에서는 사실을 정보로 저장하지 않고 이야기로 저장합니다. 단순한 사실보다 이야기로 저장된 정보가 사람들에게 훨씬 오랫동안 기억되기 때문에 스토리텔링은 광고나 영화에서 빠질 수 없는 중요한 존재인 것이죠. 예를 들어 볼까요? 대한항공 광고 '동유럽 어디까지 가봤니?'는 단순하게 동유럽의 각 나라를 나열하고 항공사의 운행 가능 노선을 설명하기보다 소비자와 함께 대화를 통해 감동을 전달하고자 하는 스토리텔링이 잘 가미된 광고입니다. 기업이 자사 제품의 좋은 점만 강조하는 것이 아니라, 소비자에게 하나의 이야기로서 제품 이용의 감동을 전달했을 때 훨씬 효과적이랍니다.

Q 프레젠테이션에서 스토리텔링이 왜 필요한가요?

A 프레젠테이션의 목적은 발표자가 자신의 생각을 청중에게 전달하여 설득시키는 것입니다. 청중을 설득시키는 가장 좋은 방법은 바로 스토리텔링을 활용하여 청중의 감동을 이끌어 내는 것이죠. 설득은 감동, 감동은 몰입! 한마디로 프레젠테이션에 스토리텔링이 결합되면 화룡점정이라 할 수 있습니다.

Q 스토리텔링을 만들 때 절대 놓쳐서는 안 될 게 있다면?

A 진정성(Reality)과 독창성(Originality)이죠.

스토리텔링에서 가장 중요한 것은 진정성(Reality)과 독창성(Originality)이에요. 풀어서 설명하면 스토리텔링을 할 때는 절대로 거짓말을 해선 안 돼요. 그리고 다른 사람의 스토리텔링과 차별화될 수 있는 자기만의 독창성이 꼭 있어야 합니다.

Design

프레젠테이션
디자인

프레젠테이션
디자인을
말한다!

 (주)파워피티 부설 연구소 팀장, 이종욱

(주)파워피티 부설 연구소 팀장으로 삼성, LG, SK, 롯데 등 국내 유수 기업과 서울대, 포스텍 등 국내 대학은 물론 국토해양인재개발원, 한국금융연수원 등의 관공서 및 공공기관에서 프레젠테이션 전문 컨설턴트로 활동하고 있다.

또한 프레젠테이션 디자인 및 파워포인트 활용 방법을 담은 《파워포인트 2010 무작정 따라하기》, 《파워포인트 2007 무작정 따라하기》, 《파워포인트 디자인 클리닉 무작정 따라하기》를 집필했다.

- 홈페이지 www.ThePresentation.co.kr ·이메일 loejw88@gmail.com
- 페이스북 lovejw88

이종욱.wmv

내가 생각하는 최고의 발표자는?

유연한 자세로 청중과 호흡하는 예능 MC, 유재석

필자는 유재석 씨를 항상 롤 모델로 삼고 프레젠테이션을 하려고 합니다. 그는 발표자로서 갖춰야 할 주요 덕목인 신뢰감과 위트, 소통을 모두 지녔기 때문이죠.

요즘 한창 주가를 올리고 있는 예능 MC들의 성향을 분석한 글들을 종종 볼 수 있습니다. 특히 유재석 씨는 직장인 10명 중 9명이 꼽은 가장 이상적인 리더로 선정된 바 있습니다. 그럼 이상적인 리더가 갖춰야 할 필수 조건에 대해 알아볼까요?

첫째, 부드럽고 넓은 포용력   둘째, 긍정적인 생각과 열정
셋째, 풍부한 전문지식   넷째, 철저한 자기관리 능력
다섯째, 탁월한 코칭능력   여섯째, 다양한 인생, 사회경험

유재석 씨의 경우 이상적인 리더가 갖춰야 할 6가지 조건에 딱 적합한 인물입니다. 어느 것 하나 해당되지 않는 것이 없죠. 특히 유재석 씨는 포용 리더십의 표본이라고 할 수 있을 만큼 거부감 없는 대화로 출연자들과 유연한 태도로 프로그램을 진행해 나갑니다.

물론, 유재석 씨의 부드러움이 프레젠테이션을 진행하는 데 꼭 정답이 될 수는 없습니다. 때로는 강호동 씨처럼 추진력 있는 리더십이 필요할 때도 있으며, 청중을 휘어잡을 수 있는 카리스마도 요구됩니다. 하지만 앞에서 소개한 조사 결과에도 나타났듯이 발표자가 가장 우선시해야 할 항목은 같은 공간에 있는 청중과 호흡을 잘 이루어 나갈 수 있는 공감대 형성입니다.

유재석 씨가 나오는 프로그램은 모두 재밌고 따뜻합니다. 그는 출연자들과 얼굴을 붉히거나 잘못을 탓하는 일이 없습니다. 프레젠테이션에서 성공하고 싶다면 여러분도 유재석 씨의 따뜻한 카리스마를 잊지 마시기 바랍니다.

목적과 대상, 환경에 맞는 프레젠테이션 디자인

나에게 맞는 프레젠테이션을 디자인하라!

스티브 잡스의 프레젠테이션을 본 적이 있으신가요? 그의 프레젠테이션은 한시도 눈을 뗄 수 없을 만큼 매력적입니다. 하지만 이를 그대로 따라하려고 해서는 안 됩니다.

스티브 잡스의 프레젠테이션은 어두운 배경에 핵심이 되는 단 하나의 메시지를 중심으로 구성되어 있습니다. 그의 프레젠테이션 스타일이 좋은 평가를 받고 있고, 충분한 가치가 있다고는 하지만 항상 우리의 상황에 적용해서 슬라이드를 디자인할 수는 없습니다.

대규모 신제품 발표회를 목적으로 하는 스티브 잡스 프레젠테이션과 같이 매번 어둡게 슬라이드를 구성할 수도 없으며, 데이터 양을 극단적으로 축약시킬 수도 없기 때문입니다. 결국 스티브 잡스의 프레젠테이션은 훌륭하지만 나와는 상관없는 남의 이야기가 되는 것이지요. 따라서 이제 우리는 스티브 잡스가 아닌 나에게 맞는 프레젠테이션을 디자인해야 합니다.

스티브 잡스와 나의 프레젠테이션이 같을 수 없는 이유는 프레젠테이션의 목적과 대상, 환경이 다르기 때문입니다. 뿐만 아니라 규모나 연령과 같이 청중이 누구인지, 발표장 환경이 어떠한지에 따라 슬라이드 디자인은 달라집니다.

따라서 우리는 프레젠테이션을 디자인할 때 3P를 항상 염두에 두고 그에 맞게 디자인할 필요가 있습니다.

프레젠테이션 3P

① Purpose : 목적   ② People : 대상   ③ Place : 환경

○ 공공 프레젠테이션 디자인 – 당진군청

❶ 목적(Purpose) : 당진군청 군정 일반 현황
❷ 대상(People) : 군민
❸ 환경(Place) : 당진군청 강당

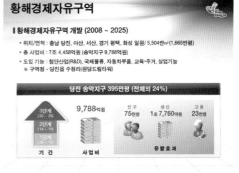

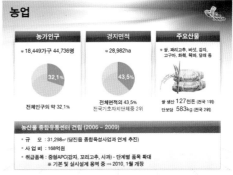

○ 기업 프레젠테이션 디자인 – 아몰레드

❶ **목적(Purpose)** : 햅틱 아몰레드 론칭 쇼

❷ **대상(People)** : 취재 기자 및 블로거

❸ **환경(Place)** : 삼성전자 서초동 사옥의 다목적 홀

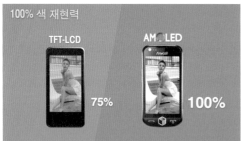
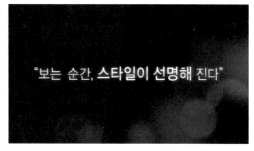

○ 교육 프레젠테이션 디자인 – 경희대학교

❶ **목적(Purpose)** : 2010학년도 입시설명회
❷ **대상(People)** : 고3 수험생, 학부모, 선생님
❸ **환경(Place)** : 고등학교 강당

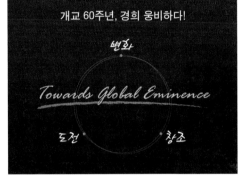

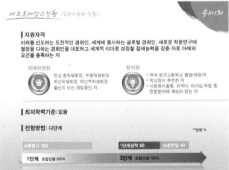

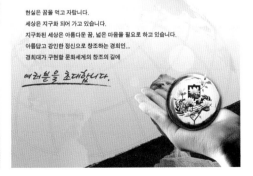

◎ 어두운 그라데이션 배경

감색 계열의 그라데이션 배경은 스티브 잡스의 패션 스타일과 일치해 청중에게 통일감을 줍니다. 어두운 그라데이션은 대비가 강하기 때문에 청중이 시각자료에 쉽게 몰입할 수 있습니다.

◎ 핵심 메시지 중심의 구성

스티브 잡스 프레젠테이션에는 데이터가 극단적으로 적게 들어 있습니다. 이는 스티브 잡스의 의도가 담겨 있는 것으로, 슬라이드를 통해 얻어내는 정보가 부족한 청중이 발표자에게 집중할 수밖에 없도록 만들어 줍니다. 즉, 프레젠테이션의 모든 주도권은 발표자가 갖고 있는 셈이죠.

◎ 색다른 화면전환 효과

스티브 잡스가 활용하는 3차원 화면전환 효과는 파워포인트(2007 버전 이하)에서 표현할 수 없습니다. 스티브 잡스는 매킨토시를 기반으로 iWOKS 오피스 패키지의 키노트라는 프로그램을 사용하는데, 청중은 늘 접하던 화면전환 효과와 다른 모습을 보여주기 때문에 색다르다는 느낌을 받게 됩니다.

프레젠테이션 디자인의 핵심, 정보전달

정보 디자인

프레젠테이션 디자인의 '디자인'은 예뻐야 합니다. 이는 아름답다를 의미하는 것이 아닙니다.

슬라이드에서 전달하고자 하는 메시지를 얼마나 정확하고 간결하게 디자인하느냐에 따라 프레젠테이션의 성패가 좌우됩니다.

아무리 예쁘고 구성이 좋은 슬라이드라고 할지라도 전하고자 하는 메시지와 맞지 않거나 데이터가 잘 보이지 않는다면 실패한 디자인이라고 평가할 수 있습니다. 프레젠테이션을 디자인할 때는 '메시지를 시각적으로 어떻게 표현하면 청중이 쉽게 이해할 수 있을까'를 항상 고민해야 합니다.

▲ 메시지 전달력이 부족한 슬라이드

▲ 메시지를 시각적으로 잘 표현한 슬라이드

텍스트 표현 기법

프레젠테이션 디자인은 정보 디자인이기 때문에 슬라이드에 들어 있는 메시지를 청중에게 잘 전달할 수 있어야 합니다. 그러기 위해서는 KISS & KILL 법칙과 One Slide, One Message 원칙을 지켜야 합니다.

● KISS & KILL 법칙

KISS는 'Keep It Short & Simple'의 약자로 텍스트 형태는 단순하고 짧게 표현할 때 정보 전달력이 좋아진다는 것을 의미합니다. 쉽게 말해 텍스트는 키워드 중심으로 구성하고, 부족한 설명은 발표자가 보충하는 것입니다.

KISS
Keep It Short & Simple

KILL은 'Keep It Large & Legible'의 약자로 텍스트를 크고 읽기 쉽도록 표현할 때 정보 전달력이 좋아진다는 것을 의미합니다. 슬라이드가 표시되는 화면과 청중 간의 거리를 좁히기 위해 텍스트를 잘 보이도록 디자인해야 하며, 텍스트의 색도 고려해야 합니다.

KILL
Keep It Large & Legible

● One Slide, One Message 원칙

하나의 슬라이드에는 반드시 하나의 메시지가 들어 있어야 합니다.
테니스를 칠 때, 하나의 공을 받는 것과 동시에 3개의 공을 받는 것 중 어느 편이 쉬울까요? 프레젠테이션도 마찬가지입니다. 청중에게 여러 메시지를 한꺼번에 전달하는 것보다 하나의 메시지에 초점을 맞추어야 청중이 훨씬 더 쉽게 이해할 수 있습니다.

One Slide, One Message는 '제목을 제목답게 구성하자'는 의미도 내포합니다. 제안서와 같이 여러 단계의 제목이 들어가는 경우, 제목에는 본문에서 전하고자 하는 메시지가 함축되어 있는 경우가 많기 때문에 가장 중요한 대 제목을 강조하는 것이 좋습니다.

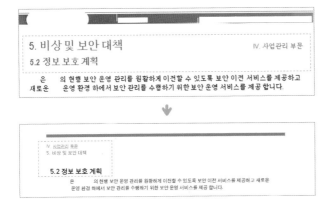

● 한글과 영문 글꼴

국문은 한글 글꼴로, 영문은 영문 글꼴로 구분해서 사용하기만 해도 슬라이드 디자인의 완성도를 높일 수 있습니다. 알파벳은 각각 다른 자간으로 표현해야 하기 때문에 한글 글꼴로 영문을 쓰면 자간 조절을 세밀하게 할 수 없어 엉성한 느낌이 듭니다. 숫자 역시 영문 글꼴로 쓰는 것이 좋습니다.

한글 글꼴 중 획이 있는 명조 계열 글꼴은 고급스러운 느낌을 표현할 때 활용하면 좋습니다. 하지만 자칫 무겁고 지루한 느낌을 줄 수 있다는 단점도 있습니다. 반면 고딕 계열은 가독성이 좋고 디자인 완성도가 높아 디자이너들이 선호하는 편입니다. HY견고딕, HY견명조를 추천합니다.

영문 글꼴 중 Times New Roman 글꼴은 영자 신문에서 흔히 볼 수 있는 세리프 글꼴로 획에 삐침이 있습니다. 삐침이 있는 세리프 글꼴은 명조체와 마찬가지로 가독성을 떨어뜨릴 수 있기 때문에 획의 삐침이 없는 산세리프 글꼴을 사용하는 것이 좋습니다.

▲ 삐침이 있는 세리프 글꼴

특히 Arial 글꼴은 가독성 면에서 만족도가 높으며, Arial Narrow라는 패밀리 글꼴을 함께 제공하기 때문에 글자 폭을 조절할 수도 있습니다. 하지만 Arial 글꼴은 대문자 I와 소문자 l 또는 숫자 1과 구분하지 못하는 맹점이 있어 Tahoma 글꼴로 대신 사용하기도 합니다.

HY견명조체	파란경영실천을 통한 경쟁력 확보
HY견고딕체	파란경영실천을 통한 경쟁력 확보
Times New Roman	I. Strategy Creative Presentation Design
Arial	I. Strategy Creative Presentation Design
Arial Narrow	I. Strategy Creative Presentation Design
Tahoma	I. Strategy Creative Presentation Design

▲ 추천 글꼴 모음

위 그림에서 소개한 추천 글꼴은 윈도우를 기반으로 한 오피스 사용 컴퓨터라면 누구나 쓸 수 있는 시스템 글꼴입니다. 따라서 파일을 옮겨도 글꼴이 깨지거나 유실될 위험이 없기 때문에 안전하며, 따로 설치해야 하는 번거로움이 없어 편리하게 사용할 수 있습니다.

키워드 도해화

슬라이드에 텍스트가 많이 들어 있다면 청중은 발표자보다 슬라이드에 집중할 수밖에 없습니다. 하지만 텍스트에 대한 청중의 이해도는 떨어집니다. 따라서 텍스트 위주의 슬라이드 디자인에서 벗어나려면 ① 키워드를 추출하고, ② 도해화해야 합니다.

우선 텍스트로 정리되어 있는 메시지에서 핵심이 되는 키워드를 추출합니다. 이
때 기획 방향과 의도를 정확하게 파악하여 제목 중심으로 키워드를 뽑아내는 것
이 좋습니다.

○ 키워드 추출 전 텍스트 원고

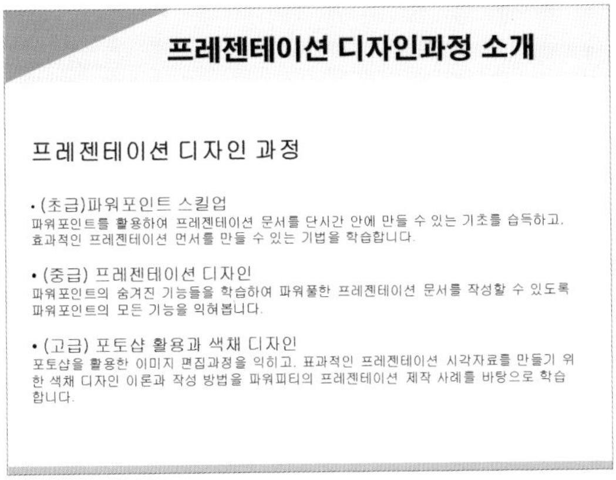

○ 핵심 키워드를 추출한 원고

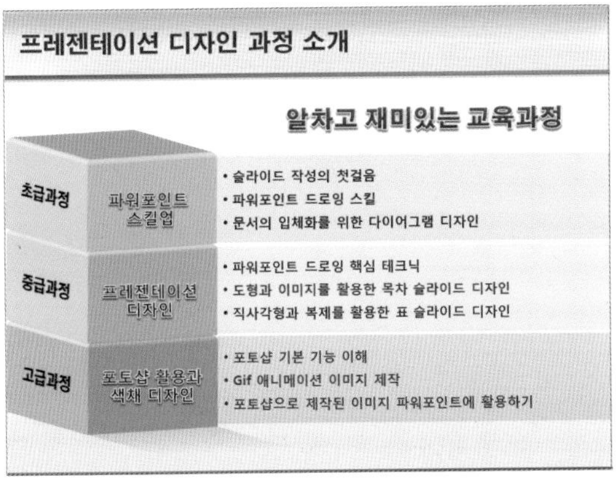

키워드를 추출했다면 메시지를 시각화하는 작업을 해야 합니다. 파워포인트나 키노트와 같은 프로그램에서 구현하기 전에 아이디어 스케치 과정을 꼭 거쳐야 합니다.

프레젠테이션 전문 디자이너들도 추출한 키워드를 도해화하기 위해 밑그림을 꼭 그려봅니다. 밑그림을 그리지 않으면 디자인하는 시간도 오래 걸릴 뿐만 아니라 통일성 있는 디자인이 나올 수 없기 때문입니다.

◉ 밑그림 스케치가 잘된 사례

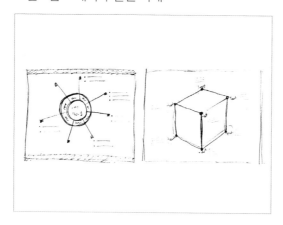

- 하나의 슬라이드에 하나의 주제만 다룹니다.
- 여러 개 동시에 그릴 경우 내용별 구분선을 넣어 줍니다.
- 삽입할 항목의 범위나 위치를 염두에 두고 스케치합니다.

◉ 밑그림 스케치가 잘못된 사례

- 여러 주제가 뒤죽박죽 그려져 있어 주제를 알기 힘듭니다.
- 콘셉트가 명확하지 않을 때는 키워드 추출 작업을 다시 합니다.
- 다양한 내용을 같은 슬라이드에서 다루어야 할 경우에는 박스를 쳐서 구분해 주는 것이 좋습니다.

발표장 환경

프레젠테이션 디자인을 아무리 잘 해도 실제 발표장에서 잘 보이지 않는다면 무용지물이 될 수밖에 없습니다. 따라서 프레젠테이션을 시작하기 전에 발표장의 환경을 확인한 후 리허설을 통해 슬라이드 배색 등을 조절할 필요가 있습니다.

일반적으로 빔 프로젝트를 스크린에 쏘아 발표를 합니다. 이때는 슬라이드가 빛에 의해 투영되기 때문에 간접 광이 있다면 어두운 배경의 흰 글씨는 잘 보이지 않을 수 있습니다. 또한 빔 프로젝트와 스크린 사이를 적당하게 조절해야 하며, 발표장의 조명을 최대한 어둡게 하여 청중이 화면에 집중할 수 있는 환경을 만들어 주어야 합니다.

◉ 조명이 밝은 발표장

• 밝은 빛에도 뚜렷하게 보일 수 있도록 텍스트와 배경은 대비되는 색을 사용합니다.
• 흐린 배경보다 색이 명확한 배경을 사용합니다. 어두운 배경보다는 흰 배경이 좋습니다.

◉ 조명이 어두운 발표장

• 어두운 발표장의 경우 슬라이드가 또렷하게 보일 수 있도록 디자인합니다.
• 키워드 위주의 텍스트 디자인을 합니다.
• 발표장 화면이 실제 작업한 파일과 비교해도 손색이 없을 정도로 선명하게 조절해 줍니다.

메시지에 힘을 싣는 시각적 강조 기법

숫자를 적극적으로 활용하라!

'2 프로 부족할 때', '17茶', '드림 카카오 56%'.

이 제품들의 공통점은 무엇일까요? 바로 제품 이름에 숫자가 들어 있다는 것입니다. 대부분 '드림 카카오'는 기억하지 못해도 '56'은 쉽게 기억할 것입니다.

숫자는 가장 보편적인 커뮤니케이션 도구로서 메시지를 함축적으로 기억하기에 좋습니다. 또한 디자인 개체로의 활용도가 높아 숫자를 전략적으로 활용할 필요가 있습니다.

매출액, 성장률, 시장점유율 등을 보여줘야 할 경우에는 숫자를 중심으로 디자인하는 것이 좋습니다. '매출 1위'에서 '위'와 같이 숫자와 함께 등장하는 단위는 작게 표현해야 숫자를 강조할 때 도움이 됩니다.

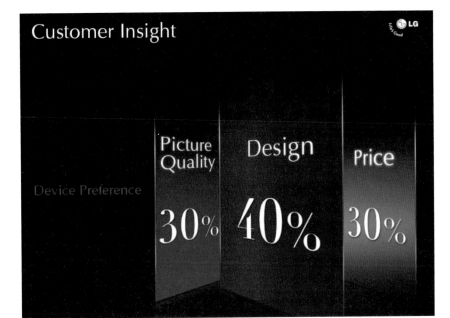

▲ 비율을 강조한 슬라이드

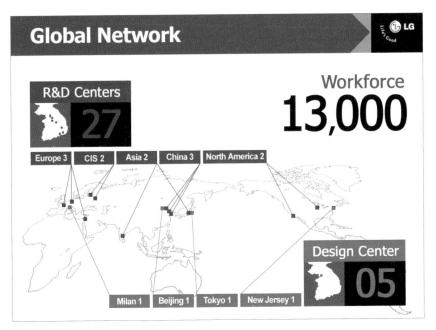

▲ 노동인구 수를 강조한 슬라이드

전략적 이미지 한 장, 열 텍스트 안 부럽다!

'Hotdog' 하면 무엇이 떠오르나요? 아마 소시
지와 빵이 어우러진 여러 형태의 음식이 떠오
를 것입니다. 혹시 오른쪽 그림과 같은 이미지
를 떠올린 건 아니죠?

이 그림을 보지 못했다면 또 다른 의미의 핫도
그(빵 사이의 개)를 상상할 수도 없었을 것입
니다. "백문이 불여일견"이라는 말이 있습니
다. 단순히 텍스트만을 통해 메시지를 모호하게 전달하기보다는 이미지를 활용
함으로써 명확한 의사를 전달할 수 있습니다.

프레젠테이션은 10분 내지 15분이라는 아주 짧은 시간 동안 진행됩니다. 그렇
기 때문에 이미지를 적극적으로 활용하여 발표자의 의도를 충분히 전달해야 합
니다.

이미지를 과감하게 표현하라!

이미지를 과감하게 표현하는 첫 번째 방법은 크기를 키우는 것입니다. 이때 함
께 표현할 데이터는 반투명 도형을 사용하여 나타냅니다.

만약 세로 이미지라면 일단 크기를 키운 후에 애니메이션 효과를 사용하여 전체
이미지를 보여주는 것이 좋습니다. 다만 애니메이션 효과를 많이 사용하면 집중
도를 떨어뜨릴 수 있으므로 주의해야 합니다.

○ 이미지 크기를 키우고 반투명 도형을 데이터에 적용한 경우

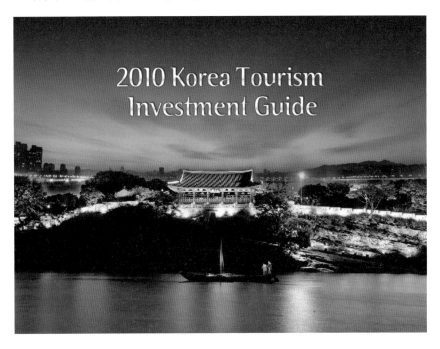

단축 글쇠를 완전정복하라!

프레젠테이션을 디자인할 때 가장 어려운 것은 시간 활용입니다. 슬라이드를 손수 하나하나 디자인해야 하기 때문에 시간이 많이 소용됩니다.

그렇다면 전문 디자이너들은 어떻게 시간을 절약하면서도 완성도 높은 디자인을 하는 것일까요? 디자인 고수는 왼손이 쉬지 않습니다. 오른손은 마우스에, 왼손은 키보드의 Shift 글쇠와 Ctrl 글쇠에 두고 문서를 작성합니다. 그만큼 도형을 원하는 위치에 정확하면서도 손쉽게 배열하기 위해서는 Shift, Ctrl, Alt 글쇠의 도움을 받아야 한다는 뜻이죠. 프레젠테이션 디자인에서 가장 많이 쓰는 파워포인트의 단축 글쇠를 알아보겠습니다.

○ Shift, Ctrl, Alt 글쇠 다루기

Shift	Ctrl	Alt
복수 선택하기	도형 복사하기	격자선 일시 해제하기
수직선/수평선 그리기	중심으로부터 그리기	
정방형 도형 그리기	점대칭으로 크기 조절하기	
도형 수직/수평 방향 이동하기	미세하게 이동하기	
크기 조절시 비율 유지하기 (대각선 방향 크기조정 핸들 드래그)		
15도 단위로 도형 회전하기		

○ 파워포인트에서 가장 많이 쓰는 단축 글쇠 25가지

단축 글쇠	기능	단축 글쇠	기능
Ctrl + N	새로 만들기	Ctrl + Shift + ,	글꼴 작게
Ctrl + O	열기	Ctrl + Shift + .	글꼴 크게
Ctrl + M	새 슬라이드	Ctrl + S	저장
Ctrl + C	복사	Ctrl + P	인쇄 대화상자 미리보기
Ctrl + V	붙여넣기	Ctrl + D	복제

Ctrl + X	잘라내기	Ctrl + G	그룹 지정
Ctrl + Z	실행 취소	Ctrl + Shift + G	그룹 해제
Ctrl + Y	다시 실행	Ctrl + Shift + C	서식 복사
Ctrl + A	모두 선택	Ctrl + Shift + V	서식 붙여넣기
Ctrl + B	글꼴 굵게	Ctrl + F9	눈금선 표시
Ctrl + I	기울임꼴	Alt + F9	그리기 안내선 표시
Ctrl + U	밑줄	F5	처음부터 슬라이드 쇼 실행
		Shift + F5	현재 슬라이드부터 슬라이드 쇼 실행

! 해상도 좋은 이미지를 구하는 방법

이미지를 사용할 때는 저작권을 항상 염두에 두어야 합니다. 인터넷에서 검색해서 나오는 이미지를 원작자의 승인 없이 무단으로 사용해서는 절대 안 됩니다.

파워포인트에서는 '클립아트' 작업 창을 통해 무료 이미지를 제공합니다. 대부분 촌스럽고 유치한 일러스트라고 생각해서 꺼려하지만 마이크로소프트 개체 모음 홈페이지를 방문하면 해상도 높은 좋은 이미지를 구할 수 있습니다.

'클립아트' 작업 창에서 'Office Online 클립 아트' 단추를 클릭하면(파워포인트 2007 기준) 'office. microsoft.com' 홈페이지의 '이미지' 화면이 펼쳐집니다. 검색 창에 원하는 이미지의 검색어를 입력하면 다양한 그림을 활용할 수 있습니다.

◀ MS오피스 홈페이지

116

디자인 완성도를 결정짓는
레이아웃 & 그리드 시스템

슬라이드에도 황금분할이 있다!

열심히 작성한 슬라이드의 완성도가 떨어져 보인다면 바로 개체들을 완성된 위치에 배열하지 못했기 때문입니다. 이 문제는 프레젠테이션 그리드 시스템으로 해결할 수 있습니다.

디지털 카메라로 사진을 찍을 때 노란 격자선의 도움을 받아 구도를 잡는 것처럼, 프레젠테이션 그리드 시스템을 사용하면 데이터의 배치와 공간 구분을 효율적으로 할 수 있습니다.

파워포인트를 사용할 경우에는 도형 윤곽선의 선을 활용하여 좌우 배분을 하고 데이터를 배열합니다.

▍Summary

● **Do not afraid of change**	
- Speed =Survival - Stagnating is same as going backwards - You have to be renewed yourselves everyday	
● **Continuous self-development and raising your follower**	
- We can see as much as we know! - Raising follower is the one of your core job - If you ll teach them, do as best as you can!	
● **Have a indomitable spirit and self-confidence**	
-The most important thing leaders should remind Is whatever it may occurs, leaders must have the spirit and temper of overcoming limits	

4/46

◀ 3×3으로 분할한 경우

프레젠테이션 그리드 시스템은 문서의 구성에 따라 크게 3가지로 분류할 수 있습니다. 제목 단이나 키워드와 텍스트 단 등이 없는 구성, 제목 단이 있는 구성, 제목 단과 키 텍스트 단이 있는 구성에 따라 개체들이 위치할 공간을 여백 없이 꽉 채워 안정감 있게 배열해야 합니다.

2×2 분할	3×2 분할

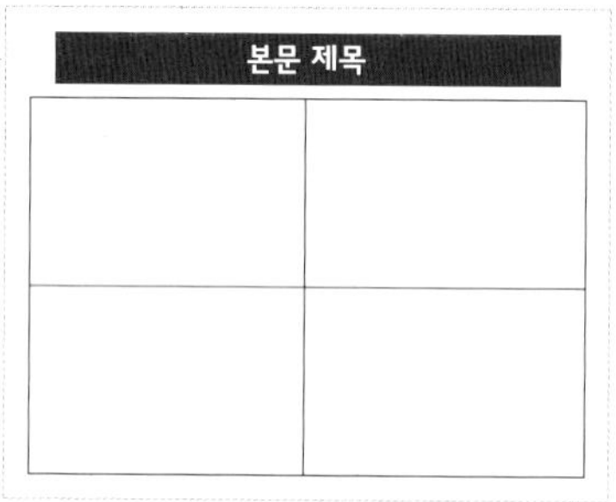

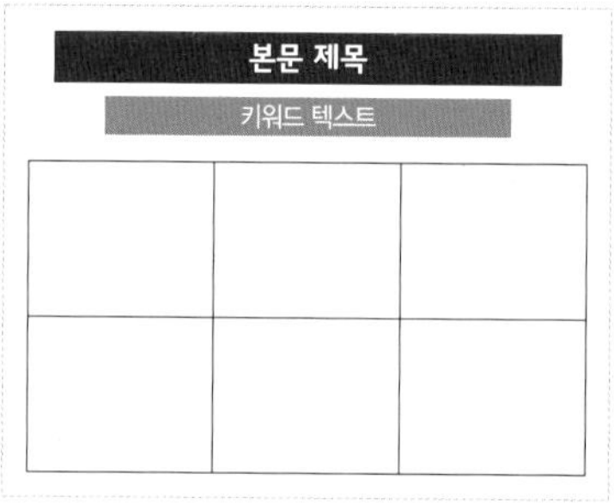

본문 제목

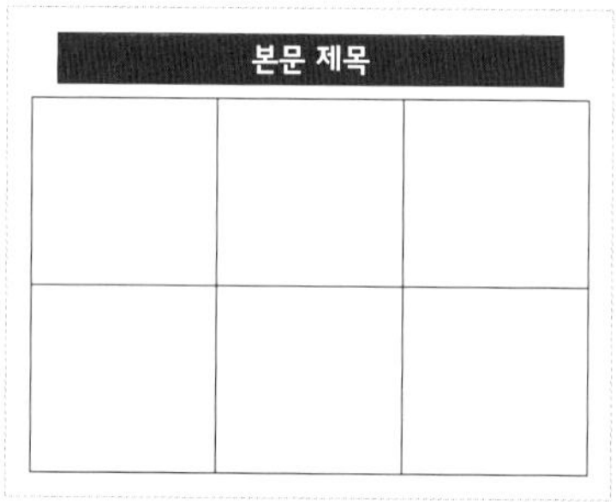

본문 제목

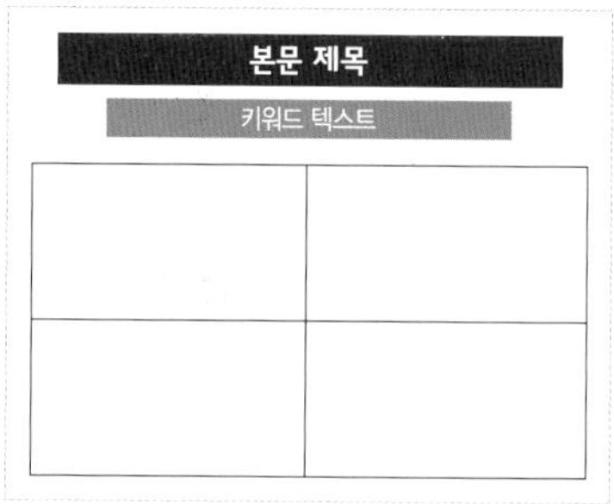

본문 제목
키워드 텍스트

본문 제목
키워드 텍스트

인쇄용 슬라이드를 만들어라!

프레젠테이션은 발표용과 인쇄용으로 구분하여 디자인해야 합니다. 인쇄용 슬라이드를 만들 때는 도형과 여백, 색의 조화 등을 고려하여 디자인해야 합니다.

◉ 각진 도형을 활용하세요.

직사각형, 정삼각형 등의 각진 도형은 공간을 시각적으로 배분해 주는 효과가 있습니다.

◉ 여백으로 메시지가 잘 보이도록 하세요.

텍스트의 크기가 줄어들더라도 상하좌우 여백을 충분히 살려줍니다. 이렇게 하면 메시지가 훨씬 더 눈에 잘 들어옵니다. 따라서 텍스트 크기에 연연해하지 말고, 오히려 의도적으로 여백을 충분히 살려주는 식으로 슬라이드를 구성하는 것이 좋습니다.

◉ 단색을 활용하세요.

단색은 공간을 배분해 주는 효과가 있어 인쇄용 슬라이드 디자인에 적합합니다. 인쇄용 슬라이드의 색 구성은 무채색 위주로 하며, 강조할 도형에만 보색을 적용하는 것이 좋습니다. 또한 슬라이드의 상하단에 아이덴티티 색을 사용하여 강조합니다. 그라데이션은 인쇄 품질에 따라 잘 구현되지 않을 수도 있으므로 사용을 자제해야 합니다.

▲ 인쇄용 슬라이드 디자인

시선의 흐름을 고려하라!

우리는 글을 읽을 때 왼쪽에서 오른쪽으로 시선을 이동합니다. 즉, Z자 형태로 읽는 것이죠.

프레젠테이션에서도 마찬가지입니다. 따라서 중요한 데이터는 가장 먼저 읽을 수 있도록 왼쪽 상단에 배치합니다. 특히 본문 내용을 함축하는 제목을 왼쪽 상단에 배치하는 것이 좋습니다.

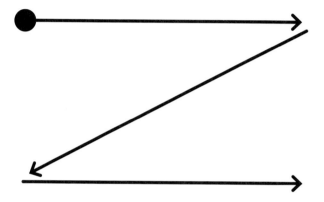

또한 원형 차트와 같이 시선의 흐름이 회전하는 경우도 있습니다. 이때 가장 먼저 시선이 닿는 곳은 12시 방향이므로 중요한 데이터는 오른쪽 상단에 배치합니다. 그런 다음 중요도에 따라 우선순위를 정해 차례대로 배치합니다.

미학적 아름다움과 정체성을 표현하는 색

색은 정해져 있다!

삼성과 엘지, 포스코 등 우리나라를 대표하는 기업에는 이미 기업의 이미지를 반영하는 색이 정해져 있습니다. 하지만 기업의 로고를 가린 채 파란색 또는 빨간색 배경만 보여준다면 아무도 그것이 삼성이나 엘지를 의미하는지 생각해 내지 못할 것입니다.

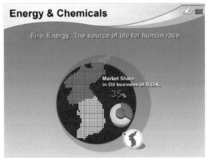

▲ 기업의 정체성을 반영하여 수정한 슬라이드

색의 정체성을 밝혀라!

우리는 선택적으로 다양한 색을 사용할 수는 있지만, 사용하는 모든 색에 정체성을 부여할 수는 없습니다. 우선 조직 또는 브랜드의 의미를 파악하여 가장 잘 어울리는 색을 찾아야 합니다.

색을 전문으로 다루는 디자이너가 아니더라도 걱정할 필요가 없습니다. 여기서 제시하는 3가지 방법만 안다면 평범한 색을 아이덴티티가 충분히 반영된 메시지로 표출할 수 있습니다.

● CI(Corporate Identity)

CI는 조직의 정체성에서 색을 찾는 방법입니다. 가장 쉽고 보편적으로 많이 사용하고 있으며 회사소개서 또는 경쟁 프레젠테이션을 위한 색 구성 등에 전략적으로 많이 활용됩니다.

● BI(Brand Identity)

BI는 제품이나 브랜드가 갖고 있는 고유의 색을 전략적으로 활용하는 방법입니다. 신제품 발표회나 브랜드 소개 슬라이드를 구성할 때 매우 유용합니다.

● 색이 주는 메시지

포스코는 블루 계열의 브랜드 색을 갖고 있지만, 친환경 전략에 따라 녹색과 따뜻한 색을 사용합니다. 따라서 조직의 색 또는 브랜드의 색과 별개로, 전달하고자 하는 메시지와 연관된 색을 표현하는 것입니다.

액션을 전달하는 마법, 화면전환 & 애니메이션 효과

애니메이션 효과, 선택도 전략이다!

애니메이션 효과는 크게 날아오기류, 닦아내기류 두 가지로 나눕니다.
중심이 이동하는 형태의 날아오기 애니메이션보다 중심은 고정되어 있는 상태
에서 개체를 닦아내는 형태인 닦아내기 애니메이션을 사용하는 것이 좋습니다.
동선이 큰 느낌을 주는 날아오기 애니메이션이 오히려 안정된 느낌을 표현하는
데 제약을 줄 수 있기 때문입니다.

텍스트에 닦아내기 효과를 주고 싶다면 시선의 흐름을 고려하여 왼쪽에서 오른
쪽으로 방향을 설정하는 것이 좋습니다.

파워포인트 2010 버전 이상을 사용한다면 흩어뿌리기 효과를, 그 이하 버전이라
면 밝기변화 효과를 사용합니다.

부록 CD의 '이종욱' 폴더에서 '추천 애니메이션.ppt' 파일을 실행하여 구현되는
효과를 확인해 보고 슬라이드에 적절하게 반영해 보세요. 다만 하나의 슬라이드
에 많은 효과를 적용하면 메시지 전달력이 떨어진다는 점을 주의해야 합니다.

닦아내기	사각형
늘이기	압축
확대/축소	내밀기
흩어뿌리기	밝기변화

▲ 추천 애니메이션 효과의 종류

화면전환 효과로 청중을 유혹하라!

애니메이션 효과가 데이터에 힘을 실어주기 위한 연출 기법이라면, 화면전환 효과는 슬라이드의 전체 흐름을 이해할 수 있는 연출 기법입니다.

화면전환 효과 중 밀어내기 효과를 활용하면 상하, 좌우 방향으로 슬라이드를 밀어내면서 다음 슬라이드를 나타냅니다.

부록 CD의 '이종욱' 폴더에서 '밀어내기화면전환효과.ppt' 파일을 실행하여 효과를 확인해 보세요.

📽 밀어내기화면전화효과.ppt

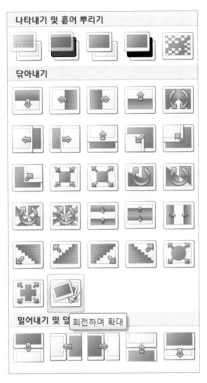

▲ 다양한 화면전환 & 애니메이션 효과

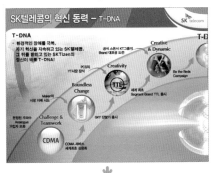

▲ 밀어내기 효과가 적용된 슬라이드

시선을 사로잡는 환경 연출

화면 비율에 변화를 줘라!

화면 비율의 변화는 무대 구성에 대한 전략으로도 이어집니다. 보편적으로 사용하는 4:3 비율에서 탈피하여 16:9, 16:10 비율을 활용하면 청중의 몰입도를 높여 의미를 더욱 강조할 수 있습니다.

▲ 보편적인 4:3 비율 슬라이드

삼성 바다폰 론칭 프레젠테이션은 모든 청중이 마치 바다에 빠진 듯한 느낌을 받을 수 있도록 16:9의 와이드 비율로 제작되었습니다.

▲ 16:9 와이드 비율 슬라이드

몰입을 위한 무대 연출을 하라!

프레젠테이션 디자인은 스크린을 비롯한 디스플레이 장치를 통해 구현됩니다. 결국 표현하는 디자인 구성에만 치우치는 것이 아니라 무대 연출까지 고려한 디자인을 해야 한다는 것입니다.

바다폰의 경우 발표장의 좌우, 전면, 후면에 스크린을 배치하여 마치 바다에 빠진 듯한 느낌을 줍니다. 이는 16:9 와이드 비율과 더불어 청중의 몰입도를 최대화하는 획기적인 연출 기법이라고 할 수 있습니다.

! 스토리의 시각화, 프레지  prezi powerpt.wmv

'프레지'는 스토리를 기반으로 순서를 맞추어 프레젠테이션을 제작하는 프로그램입니다. 글자, 이미지, 비디오 등을 삽입하고 미리 설정해 놓은 길을 따라 줌 인 또는 줌 아웃으로 화면을 구성함으로써 하나의 큰 이야기를 이어갈 수 있습니다.

멋진 발표자가 되기 위한 Q & A

Q 처음부터 프레젠테이션을 목표로 공부하셨나요?

A 커뮤니케이션에 대한 관심이 프레젠테이션의 길로 이끌었습니다.

신문방송학을 전공했기 때문에 방송이나 신문과 같은 언론 매체에 관심이 많았습니다. 그런데 곰곰이 생각해 보니 저는 매체를 통한 전달을 넘어 광범위한 의미의 커뮤니케이션에 관심이 있다는 것을 깨닫게 되었어요. 그 후 커뮤니케이션에 관련된 여러 가지 길을 모색하게 되었고, 현재는 프레젠테이션 연구 분야에서 기획과 강의를 담당하고 있습니다.

Q 프레젠테이션을 할 때 떨리지는 않나요?

A 물론 떨립니다. 이 세상 어떤 사람도 무대 위에서 떨리지 않는 사람은 없다고 생각합니다. 최근 이슈가 되고 있는 '나는 가수다'라는 프로그램을 보면서 많이 느꼈는데요. 무대 경험이 많은 가수들도 무대에 오르기 전, 무척 긴장하는 모습을 보면서 무대라는 공간 자체가 사람을 떨리게 만든다는 생각이 들었습니다.

다만, 떨리는 모습을 청중에게 보여줄 것인지, 아니면 보이지 않도록 숨겨둘 것인지 생각해 봐야 합니다. 긴장하는 모습은 진실성 있는 사람으로 비춰지기도 하지만, 비즈니스 자리에서 발표자가 떨고 있다면 프레젠테이션에 대한 신뢰는 하락하게 됩니다.

프레젠테이션 무대에 섰을 때 내가 이 무대의 주인공이라고 생각하십시오. 나는 할 수 있다는 자신감을 불어넣을 때에 떨림을 숨길 수 있습니다.

Q 프레젠테이션의 발전 방향에 대해 말해주세요.

A 프레젠테이션의 발전은 무한하다고 생각합니다.

우리는 소통의 시대에 살고 있습니다. 전문 지식을 갖춘 사람만이 소통할 수 있는 것은 아닙니다. 내가 말하고자 하는 바를 상대방에게 전달하는 모든 행위가 바로 소통인 것이죠. 프레젠테이션도 소통의 일종입니다. 동시에 비즈니스 커뮤니케이션의 한 방법이기도 합니다. 따라서 더욱 폭 넓고 깊이 있는 지식을 지닌 프레젠테이션 전문가가 지속적으로 양산되어야 합니다.

Q 프레젠테이션에서 가장 중요하다고 생각하는 것은 무엇인가요?

A 가장 중요한 요소는 진정성과 의도입니다.

프레젠테이션을 직접 컨설팅하고 참여하면서 진정성이야말로 발표자의 중요한 덕목이라고 생각했습니다. 얼마나 혼신을 다해 의미를 전달하느냐에 따라 청중의 마음은 달라집니다. 앞에서 말했듯이, 프레젠테이션은 소통이기 때문에 발표자에게서 진정성이 느껴지지 않는다면 아무리 멋진 슬라이드와 탁월한 발표역량을 갖고 있다 하더라도 프레젠테이션은 성공할 수 없을 것입니다.

또한 프레젠테이션 전체 구조의 중심에 있는 의도도 중요한 요소입니다.
의도는 내용을 구성하고 시각적으로 연출하며, 효과적인 전달을 위해 훈련하는 모든 단계에서 공통으로 발현되어야 합니다. 의도가 있는 기획과 그렇지 않은 기획은 생명력이 다르기 때문입니다.

Q 프레젠테이션 디자인에서 색을 어떻게 사용하는 것이 좋을까요?

A 슬라이드에 무지개를 띄우지 마세요!

슬라이드를 디자인할 때 색을 쓰는 것은 예뻐 보이게 하려고 하는 것이 아니라 청중에게 핵심 내용을 잘 전달하기 위해서입니다. 따라서 슬라이드의 전체 색 구성은 검은색, 회색, 흰색과 같은 무채색으로 하는 것이 좋습니다. 무채색은 청중이 보기에도 편안할 뿐만 아니라 프레젠테이션에 대한 신뢰감을 높여주기 때문이죠.

슬라이드에서 포인트가 되는 중요한 부분에만 프레젠테이션 주제의 아이덴티티가 묻어나는 색을 사용할 뿐 절대 슬라이드를 예쁘게 구성한다는 명목으로 쓸데 없이 여러 가지 색을 사용하지 마세요.

프레젠테이션 발표 기법

청중과의 교감, 그리고 설득력이 프레젠테이션을 성공시킨다!

INFLUENCE7 대표, 벤 랏채(Ben A. Ratje)

글로벌 트레이닝 및 코칭 전문회사인 INFLUENCE7 대표이며 《프레젠테이션 라떼》 저자이다. 〈포천〉 선정 500대 기업과 국내 대기업에서 프레젠테이션, 혁신과 창의력, 문제 해결, 커뮤니케이션, 마케팅 등을 강의 & 컨설팅하고 있으며, 주요 고객으로 마이크로소프트, 삼성그룹, 지멘스, SK텔레콤, 바이엘, LG전자, 대림산업, Medtronic, Sanofi-Aventis, NHN, Boehringer Ingelheim, Swarovski 등이 있다. 또한 60만 장병들이 애청하는 TV 프로그램 '국군방송'을 공동 진행한 바 있다.

· 홈페이지 www.influence7.com   · 이메일 info@influence7.com
info@influence7korea.com

내가 생각하는 최고의 발표자는?

누구보다 열정이 넘치는 발표자, 하브 에커

〈뉴욕 타임스〉 베스트셀러 *Secret of the Millionaire Mind*의 저자로 수많은 사람들에게 진정한 부자가 되는 법을 강의하는 하브 에커(T. Harv Eker)는 강한 흡입력을 가진 발표자로 유명합니다. 그가 전하는 말 한마디 한마디에는 백 퍼센트의 확신이 깃들어 있습니다. 청중이 그의 프레젠테이션에 설득당하는 가장 큰 이유는 무엇일까요?

하브 에커는 자기 자신부터 설득합니다. 스스로 내면의 확신을 가진 후 사람들에게 전달하기 때문에 믿음이 생깁니다. 또한 시각적 보조물과 여러 색을 사용하여 그림을 그리거나 글을 쓰고, 청중에게 실습할 수 있는 기회를 제공합니다. 일방통행이 아닌 쌍방향의 프레젠테이션은 청중이 프레젠테이션에 온전히 빠져들어 즐길 수 있도록 만듭니다.

INFLUENCE7 이사, 한창훈

현재 INFLUENCE7에서 기업 교육과 컨설팅을 하고 있으며, 주요 고객으로 LG 디스플레이, 엑센 추어, 신한은행, 로레알, CJ그룹, 매경휴넷, 한국증권선물거래소 등이 있다. LG전자 해외 마케팅, 커뮤니티 카페 토즈의 기획실장, TV 프로그램 '국군방송'을 진행했으며, 벤 랏채와 함께 《프레젠 테이션 라테》를 공동 집필했다.

- 홈페이지 www.influence7.com
- 페이스북 peterhan365
- 블로그 www.peterhan.kr
- 이메일 info@influence7.com
  info@influence7korea.com
- 트위터 @peterhan365

내가 생각하는 최고의 발표자는?

진정성, 표현력, 콘텐츠가 조화를 이루는 발표자, 김제동

단순히 말을 잘하는 것만으로는 훌륭한 발표자가 될 수 없습니다. 진정성, 표현력, 콘텐츠가 조화를 이루어야 하는데, 김제동씨는 이 세 가지를 고루 갖추었다는 데 이견이 없을 것입니다.

그는 마음 속에 있는 솔직한 이야기, 그리고 자신의 외모와 가족에 관한 이야기로 큰 웃음을 주면서도 청중과의 깊은 공감대를 형성합니다. 오랫동안 사회자로서 쌓아온 경력이 한껏 묻어나는 다양하고 기발한 표현력은 같은 내용을 말하더라도 다른 사람보다 훨씬 전달력이 뛰어나게 만들죠. 마지막으로 그의 풍부한 콘텐츠와 지식, 그리고 개인의 경험 이야기들은 이른바 '말빨'을 아주 풍성하게 만들어 줍니다. 그가 지닌 콘텐츠들은 다양한 매체, 그 중에서도 특히 신문을 깊이 읽고 생각하면서 만들어진 내공이라는 것도 배울 만 합니다.

발표자여, 청중을 움직이게 하라!

110% 마음을 열고 프레젠테이션 훈련에 참여하라!

"시작이 반이다"라는 말이 있습니다.

이 속담은 '어떤 분야든 그 분야에 한 발자국 발을 내밀었다면, 이미 50%는 성취한 것이다'라는 뜻입니다.

따라서 필자의 글을 보고 있는 여러분도 이미 성공 프레젠테이션에 성큼 다가선 것이라 할 수 있습니다.

성공하는 프레젠테이션을 학습하기 위해서는 마음을 110% 열어놓아야 합니다. 세상 모든 책과 강연이 나에게 꼭 맞을 수는 없습니다. 심지어 어떤 것은 잘못된 정보이거나 나에게는 진실이 아닌 내용일 때도 있습니다.

하지만 먼저 열린 마음을 갖고 보고 읽고 들어야 옥석을 가려낼 수 있습니다. 정보를 수신할 때는 열린 마음으로, 나에게 맞는 정보는 현명하게 골라내는 지혜가 필요합니다.

아이디어의 성패, 프레젠테이션에 달렸다!

프레젠테이션은 제품의 탄생과 밀접하게 관련되어 있습니다. 예를 하나 들어 볼까요?

엔지니어와 디자이너가 여러 차례 회의를 거쳐 좋은 아이디어를 냅니다. 누가 봐도 완벽합니다. 그렇다면 바로 다음 단계인 샘플 제작에 들어갈 수 있을까요? 아닙니다. 상사 또는 의사결정 대상자를 설득하는 과정을 거쳐야 합니다. 아무리 좋은 아이디어라 하더라도 프레젠테이션을 제대로 하지 못한다면 아이디어의 가치는 추락하고 맙니다. 설득해 내지 못했다는 이유 하나만으로 아이디어를 통과시키지 못한다면 너무 아쉽지 않을까요?

아이디어   프레젠테이션   성공

만약 프레젠테이션을 성공리에 마쳐 아이디어가 상품으로 제작되었다고 가정해
보겠습니다. 제품을 완성하는 것만으로 성공을 기대힐 수 있을까요?
역시 대답은 아닙니다. 상품을 구입할 소비자에게 제품을 꼭 사야 하는 이유를
설명해 주어야 합니다. 소비자를 설득하지 못하면 제품은 시장에서 사장되어 버
리고 말기 때문이죠.

이처럼 우리가 사용하는 모든 제품은 앞에서 말한 두 번의 프레젠테이션 과정,
즉 커뮤니케이션을 거치게 됩니다. 상사와 소비자를 설득하는 비결, 과연 무엇
일까요?

여기 두 명의 발표자가 있습니다.
한 발표자는 꼼꼼하게 사전 조사를 하고 멋진 슬라이드를 준비했습니다. 하지만
쭈뼛거리는 소심한 태도 때문에 발표는 지루하기만 합니다.
또 한 명의 발표자는 청중의 이목을 집중시킬 만한 화려한 슬라이드는 준비하지
못했지만, 적극적인 몸짓과 온화한 표정관리로 청중과 교감하는 프레젠테이션
을 진행했습니다.

여러분은 어떤 발표자에게 손을 들어주실 건가요?
사실, 성공하는 프레젠테이션을 위해서는 콘텐츠의 구성과 발표를 모두 잘해야
합니다. 전달하려는 내용도 중요하고, 전달하는 방법도 중요하기 때문이죠.

하지만 안타깝게도 대부분의 발표자들은 청중에게 효과적으로 어떻게 내용을 전달할 것인지 고민하기보다는 콘텐츠와 시각자료의 화려한 구성에만 많은 공을 들입니다.

곧, 밤을 새워 자료 조사는 많이 하지만 발표 리허설은 한 번도 하지 않기 때문에 실제 프레젠테이션이 지루하고 비효율적으로 진행되는 것이죠.

우리가 프레젠테이션을 하는 이유를 다시 한 번 생각해 보세요.

프레젠테이션은 청중을 설득하는 과정입니다. 청중이 몰랐던 사실을 알게 하거나, 이미 알고 있다고 하더라도 발표자의 의도대로 행동방식이나 사고방식을 바꿔 움직이도록 하는 것입니다.

지루한 프레젠테이션은 적게는 한 사람, 많게는 수천 명의 마음을 바꾸는 데 전혀 도움을 주지 못합니다. 프레젠테이션을 앞두고 있는 발표자라면 다음의 말을 꼭 명심하세요.

Non Persuasive = No Action
(설득력이 없으면 변화도 없다.)

설득력이 없으면 청중의 변화된 행동도 없습니다. 뛰어난 언변으로 프레젠테이션을 진행했다 하더라도, 청중의 마음을 움직이지 못했다면 프레젠테이션은 실패한 것입니다.

성공 프레젠테이션에서 언제나 중요한 사실은 '청중을 행동하게 만들었는가?' 하는 문제입니다.

이제부터 청중의 마음을 움직이는 비법 4가지에 대해 알아보겠습니다. 실제 기업 강의를 통해 체득한 방법인 만큼 꼭 적용해 보시기 바랍니다.

마음의 문을 열기 위한 열쇠 1 – 열정(Passion)

발표자의 열정으로 청중을 녹여라!

프레젠테이션에서 가장 중요한 것은 파워포인트나 키노트와 같은 도구가 아니라 소개하는 상품, 이야기의 주제에 대한 열정과 자신감입니다.

잭 웰치는 이렇게 말했습니다.

열정이 무대공포증을 해소시키지요.

"열정 하나만으로도 A, B 두 사람의 수준을 나눌 수 있다. 두 사람 중 더 많은 열정을 가진 사람(A)은 그렇지 않은 사람(B)보다 열정만으로 두 배, 세 배 더 인정받을 수 있으며, 또한 그에 상응하는 보상을 받을 자격이 충분히 있다."

▲ 열정을 중요시 한 잭 웰치

열정은 언제나 마음에서 나온다!

누군가를 사랑하는 마음이 강렬하면 주위의 시선을 걱정하지 않고 도전적인 행동을 하게 됩니다. 자신감 있는 행동은 바로 내면의 사랑, 관심, 열정에서 나오기 때문이죠. 마찬가지로 여러분이 내면에 열정을 가지고 발표를 한다면 그 열정이 청중에게도 전달됩니다.

워크숍에 참가한 사람들에게 1분 동안 열정적인 프레젠테이션을 해보라고 요청합니다. 처음에는 쑥스러워 하다가 하나둘씩 목청을 높이고 박수를 치거나 책상을 두드리는 등 적극적인 제스처도 합니다.

그런데 이런 방식으로 매일 훈련하면 좋은 발표자가 될 수 있을까요? 그렇지 않습니다. 강사가 시켜서 임의로 만들어낸 열정 프레젠테이션은 청중에게 '약장사 같다'는 느낌을 줄 뿐입니다. 큰 목소리로 끊임없이 말을 쏟아내는 것에는 감동이 없기 때문입니다. 언제나 내면의 열정이 먼저 불타올라야 합니다.

그렇다면 내면의 열정은 어떻게 표현하는 것이 좋을까요? 우선, 프레젠테이션을 연습할 때 다소 오버했다고 생각될 정도로 과장되게 행동하는 것이 좋습니다. 원하는 수준만큼 연습하면 안 됩니다. 연습할 때는 그 이상으로 오버해서 해야 합니다.

평소 연습을 큰 목소리와 큰 제스처로 해두어야 실제 무대에서 어느 정도 적정한 수준의 열정을 표현할 수 있습니다. 열정의 수준을 1~10점으로 나누어 봤을 때 자신의 열정 수준이 3점이라면, 보통 7~8점 정도의 수준에서 열정을 표현해야 합니다. 만약 여러분이 원하는 적정한 수준이 7~8점이라면 평소에는 10점 이상으로 연습해야 합니다.

실제 예를 들어볼까요?

외국계 회사의 임원이 해외 본사에 보고를 하러 갑니다. 여러 발표 주제 중 열정 수준이 높은 것과 그렇지 않은 것을 나눠봅니다. 만약 다양한 주제 중 하나만 뽑아서 발표할 수 있다면 주제에 대한 관심도가 높은, 즉 열정 점수가 높은 주제를 선택합니다. 자기가 가장 열정을 가질 수 있을 만한 것으로 선택하면, 준비하기도 쉽고 내용을 전달하는 것도 쉽기 때문입니다.

만약 자신이 프레젠테이션 디자인을 반복해서 사용한다면, 이는 주제에 대한 낮은 열정 수준을 의미합니다. 주의하세요. 청중도 발표자의 흥미 수준, 딱 그만큼만 느낍니다.

자신이 왜 프레젠테이션을 하는지, 왜 열정을 가져야 하는지, 어떤 이익을 기대할 수 있는지 반드시 생각해볼 필요가 있습니다. 자신의 프레젠테이션이 고객을 감동시키고 회사를 제대로 알리는 기회가 된다면, 훌륭한 프레센테이션을 통해 자신이 인정을 받는데도 크게 도움을 받을 수 있습니다.

이러한 것들을 자꾸 되새겨 보면서 내면의 열정을 끌어올려 보세요. 열정이 생기고 나면 열정을 표현하기 위한 많은 준비와 실전훈련에 투자하게 됩니다. 그리고 그 열정은 청중에게 그대로 전달되므로 반드시 좋은 결과를 줄 것입니다.

발표자의 열정은 청중의 열정으로 이어진다!

발표자가 열정을 갖고 표현하면 청중은 그에 반응합니다. 처음에는 회의적이거나 비판적인 반응을 보이는 청중도 발표자의 열정과 진심이 지속되면 태도를 바꾸기 시작합니다. 물론 원래부터 긍정적이고 열정적인 청중도 있지만 프레젠테이션 분위기와 열정의 수준을 결정하는 것은 발표자라는 것을 꼭 명심하시기 바랍니다.

▲ 발표자의 열정에 따라 청중의 열정 수준이 결정된다.

마음의 문을 열기 위한 열쇠 2 - 프랍(Props)

청중에게 직접 보여줘라!

프랍(Prop)은 시각적 보조물을 뜻합니다.
프레젠테이션 현장에서 어떤 물체를 실제 들고 와서 보여주는 것이지요.

카카오가 95% 이상 함유된 초콜릿 신제품 발표 현장에서 초콜릿 제품의 이름만
보여주기보다 제품을 직접 보여주고 시식할 기회를 준다면 청중은 제품에 대해
훨씬 쉽게 이해 할 수 있을 것입니다.

이처럼 사진을 보여주거나 말로만 전달하는 것보다 가능하다면 현장에서 직접
보여주는 것이 청중을 설득하는 최상의 방법입니다.

프랍, 그 자체가 메시지다!

자, 이제부터 프랍을 메신저이자 발표자의 분신이라고 생각해 보세요.
여러분은 ABC 회사의 미네랄 워터 마케팅 팀장입니다.
신제품 생수를 소개할 멘트는 준비되었습니다.

"우리는 하루를 시작할 때 각자 100%의 에너지 상태에서 출발합니다. 그런데 이
런저런 일 때문에 에너지를 빼앗기게 됩니다."

이런 상황에서 청중에게 어떤 장면을 보여줬을 때 메시지를 좀 더 효과적으로
전달할 수 있는지 알아볼까요? 여러분도 함께 고민해 보세요.

위 그림 중 어떤 것이 가장 인상적인가요? New Water라고 적힌 슬라이드를 보았을 때? 아니면 신제품 물병이 등장 했을 때? 아니면 발표자가 직접 생수를 들고 병 속의 물을 실제로 따라내면서 에너지가 빼앗기는 과정을 성명했을 때?

정답은 당연히 시각적 보조물, 프랍을 활용한 세 번째 장면입니다. 실제로 뚜껑을 따고 청중에게 보여주는 것, 오감을 만족시키고 현장감을 살릴 수 있는 것이 바로 프랍의 역할입니다.

성공 사례 ① 빌 게이츠의 말라리아 퇴치 설명회

빌 게이츠는 TED.COM에서 말라리아 퇴치에 관한 초청 연설을 하게 되었습니다. 전 세계 2억 명에 가까운 사람들이 말라리아 때문에 고생하고 있지만, 말라리아가 성행하는 지역은 대부분 가난한 나라이기 때문에 제약회사들은 신약 개발을 열심히 하지 않았습니다.

보건 복지 펀드를 마련해줄 유력 인사들과 무상으로 신약을 개발해줄 과학자, 제약회사 연구원들이 모인 강연장에서 빌 게이츠는 모기를 풀어놓습니다. 세상에서 잘나가는 사람들에게 모기를 경험해 보라는 것이었죠.

말라리아가 가난한 사람들의 병으로만 인식했던 사람들은 강연장에 모기를 풀어놓는 순간, 말라리아의 위험성에 대해 즉각적으로 반응했습니다. 말라리아 퇴치를 위해 함께하자는 빌 게이츠의 간절한 호소가 모기라는 프랍으로 효과를 본 것입니다.

! 세계 전문가들의 명 강의를 만날 수 있는 TED와 TEDx

TED는 Technologe Entertainment Design의 약자로 "Ideas Worth Spreading(퍼뜨릴 만한 아이디어)"이라는 슬로건 아래 1984년부터 기술, 오락, 디자인 분야에서 활약하는 전문가들이 모여 발표하고 이야기를 나누는 컨퍼런스입니다. 18분간 각 분야의 전문가들이 혼신의 힘을 다해 발표하는 강의는 www.ted.com에서 가입절차 없이 자유롭게 시청할 수 있습니다.

TEDx는 TED에서 라이선스를 획득하여 지역을 기반으로 만든 자체 조직으로, 주제를 정하고 연사를 초빙하여 행사를 조직합니다. TEDx의 공식 사이트는 www.ted.com/tedx이며, 우리나라에도 여러 TEDx 모임이 진행되고 있습니다.

성공 사례 ② 스티브 잡스의 신제품 발표회

스티브 잡스는 언제나 프랍을 즐겨 사용합니다. 아이팟, 아이폰, 아이패드, 맥북 에어 등 애플 제품이 태어날 때마다 스티브 잡스의 손에 들려 있는 것을 청중은 현장에서 목격할 수 있습니다. 그는 보여주는 것에 그치지 않고 다양한 형태로 시연을 하고 제품 외관의 아름다움을 강조합니다.

성공 사례 ③ 질 테일러의 뇌 설명회

뇌신경과학자 질 테일러는 TED.COM에서 좌뇌와 우뇌의 신비에 대해 설명하기 위해 실제 인간의 뇌를 가지고 와서 이야기합니다. 실제 인간의 뇌를 본 청중은 놀라움과 함께 호기심을 갖게 됩니다. 이는 뇌에 대한 흥미를 유발하고, 흥미를 가지게 된 청중이 어려운 의학지식을 더욱 쉽게 적극적으로 이해할 수 있도록 하기 위한 것입니다.

마음의 문을 열기 위한 열쇠 3 – 참여(Participation)

청중을 움직이게 하라!

10분이다.
이젠 더 이상
못 참아!

머리를 긁적이거나 얼굴을 만지지 않고 참을 수 있는 시간은 얼마나 될까요?

《뇌의 법칙(Brain Rules)》의 저자이자 시애틀퍼시픽 대학의 뇌 연구센터 임원인 존 메디나(Jhon Medina)의 연구에 따르면, 사람이 행동을 바꾸지 않고 버틸 수 있는 시간은 최대 10분이라고 합니다.

그렇다면 짧게는 10분, 길게는 1시간 넘게 진행되는 프레젠테이션에서 청중이 흐트러지지 않고 발표자에게 집중할 수 있도록 하려면 어떻게 해야 할까요?

스티브 잡스처럼 유명한 발표자의 스타일을 무작정 따라하려고 해서는 안 됩니다. 그의 프레젠테이션은 신제품을 보여주기만 할 뿐 청중의 참여 비중은 높지 못합니다.

앞에서 배운 프랍을 기억해 보세요. 청중에게 프랍을 나눠주고 경험하게 하는 것만큼 좋은 흥미 유발 장치도 없을 것입니다.
새로운 신발을 개발했는데 이전보다 훨씬 편해졌다는 점을 전달하고 싶다면 어떻게 하는 것이 가장 좋을까요?
청중에게 직접 신어보게 해야 합니다. 청중의 경험과 참여만이 그들의 마음을 움직이게 할 수 있습니다. 프레젠테이션의 목적은 청중의 생각과 마음을 움직이는 것이라는 점을 항상 명심해 두세요.

◉ 질문 던지기

컨설팅 업무를 맡고 있는 한 고객의 예를 들어보겠습니다. 해외 협력 회사에서 방문한 고객을 대상으로 회사를 소개하는 일을 담당하는 의뢰인은 매주 많은 외국인에게 프레젠테이션을 해야만 했습니다. 문제는 프레젠테이션의 내용이 적 잖이 딱딱한데다가 1시간이나 진행해야 한다는 점 때문에 말하는 사람과 듣는 사람 모두 지루할 수 밖에 없다고 합니다.

필자와 의뢰인은 이 문제를 해결하기 위해 프레젠테이션 중간 중간에 적절한 질 문을 던지는 연습을 해보기로 했습니다. 즉, 방문자에게 설명해 주던 몇 가지 사 실을 간단한 퀴즈 형식으로 만들어 질문을 던지는 형태로 바꿔본 것이죠. 물론 정답을 맞힌 사람에게는 발표자 또는 회사가 준비한 작은 선물을 주기로 했지 요. 이런 방법과 몇 가지 활동을 추가함으로써 발표자는 훨씬 더 성공적인 프레 젠테이션을 할 수 있었고, 참여한 청중도 매우 흥미롭고 재미있게 들을 수 있었 습니다.

○ 롤 플레이(역할극)

워크숍 참석자 중 한 분이 어려운 직무를 맡게 되었다는 이야기를 했습니다. 그 는 자신의 세일즈팀 팀원들을 대상으로 고객에게 어떤 형태로든 선물 형식을 빌 려서 뇌물을 주는 행위를 해서는 안 된다는 지시를 해야 했습니다. 회사의 정책 이 깨끗한 비즈니스를 하자는 것이었지만, 현장에서 영업을 하는 이들에게는 오 히려 업무를 어렵게 하는 일이었기 때문에 어떻게 전달해야 할지 고민스럽다는 것이었습니다.

직원들이 지시사항을 들으려 하지 않자, 필자는 의뢰인과 함께 머리를 맞대고 고민했습니다. 프레젠테이션 내용에 대한 팀원들의 부정적인 생각을 씻어버리 도록 역할극을 해보자는 아이디어를 냈습니다. 팀원 한 명을 앞으로 불러내 실 제 상황과 같이 돈이나 선물을 건네는 등의 장면을 연출하자 청중은 연기하는 팀원의 동작 하나하나를 보며 재미있다는 듯 웃기 시작했습니다.
역할극이 재미있고 흥미를 제대로 끌었기 때문에 청중은 이슈에 대해 관심을 갖 게 되었고, 프레젠테이션에서 발표자는 불쑥 주제를 꺼내는 것보다 훨씬 좋은 결과를 얻을 수 있었습니다.

마음의 문을 열기 위한 열쇠 4 – 파워(Power)

청중을 행동하게 만들어라!

청중을 움직이고 행동하게 하는 것은 '파워'입니다. 여기서 말하는 '파워'는 청중이 무언가를 실행에 옮기도록 하는 것을 말합니다. 그런데 일반적인 세일즈 프레젠테이션에서는 그 자리에서 결정을 짓지 못한 사람이 나타나는 비효율적인 문제가 발생하곤 합니다. 이럴 경우에는 프레젠테이션이 끝난 후 청중에게 구매를 권하는 메일을 추가로 보내거나 전화를 하는 것이 좋습니다. 만약 이런 수고를 하고 싶지 않다면 '파워'를 제대로 활용해야 합니다. 지금부터 '파워'를 발휘하는 방법에 대해 알아보겠습니다.

◉ 실천 사항(Action Steps)

프레젠테이션을 마무리할 때, 청중이 무엇을 실천해야 하는지 생각해 보도록 합니다. 이를 위해서는 청중에게 상황극을 해보게 하거나 데모 제품을 실제로 사용해 보게 하는 등 프레젠테이션을 진행하는 동안 움직임을 갖도록 해야 합니다.

◉ 실천 계획(Action Plan)

지금까지 들은 발표 내용을 어떤 방식으로, 어떤 일정에 의해 진행하겠다는 것을 명확히 보여주는 것입니다. 그냥 형식적으로 이러이러하게 실천하겠다는 것이 아니라 일정과 조건, 필요 인력 등을 명료하게 보여주는 것이 좋습니다.

실천 사항과 실천 계획은 프레젠테이션에 반드시 포함되어야 합니다.
발표자는 프레젠테이션을 준비하는 단계에서 청중이 기억해야 하거나 행동해야 한다고 생각하는 것을 반드시 전달할 수 있도록 미리 준비해 두어야 합니다. 왜냐하면 청중의 변화와 행동이야말로 발표자가 수고스럽게 자료를 만들고 밤새워 연습하며 준비한 프레젠테이션의 진짜 열매이기 때문입니다.

멋진 발표자가 되기 위한 Q & A

Q 사람들이 스티브 잡스에 열광하는 이유는 무엇일까요?

A 스티브 잡스의 열정은 훌륭한 발표자의 사원입니다!

스티브 잡스는 청중과 어떻게 교감하는지, 시각적 보조물을 활용하는 것이 얼마나 중요한지, 보디랭귀지를 어떻게 활용하는지를 잘 알고 활용합니다. 멋진 슬라이드 디자인과 시연 등 셀 수 없는 장점이 있지만 우리가 반드시 배워야 할 것은 바로 그의 열정입니다. 스티브 잡스는 자신의 프레젠테이션에서 소개하는 상품에 엄청난 열정을 가지고 있고 사람들의 삶을 긍정적으로 바꿔놓을 것이라고 100% 확신하고 있기 때문에 강력한 설득력을 갖게 되는 것입니다.

Q 발표자가 저지르는 가장 큰 실수는 무엇인가요?

A '거만함'입니다. 표현력도 좋고 임기응변도 훌륭하지만 실패하는 경우를 많이 봅니다. 청중과 공감대를 형성하지 못하고 자기 이야기만 하기 때문이죠. 성공한 경험이 많은 발표자일수록 잊어서는 안 되는 것이 있습니다. '발표자가 성공적일 수 있는 이유는 청중이 있기 때문이다'라는 사실입니다. 청중은 공감을 하면 발표자를 훌륭하게 만들 수도 있지만 공감하지 않은 청중은 발표자를 형편없게 만들 수도 있습니다.

Q 청중과 소통하기 위해서 준비해야 할 것은 무엇인가요?

A 전달력 있는 발표자가 되기 위해선 진정성과 스킬을 연마하세요!

좋은 발표자가 되기 위해서는 우선 프레젠테이션을 준비하고 진행할 때 진정성이 묻어나는 태도로 임하는 것이 가장 중요하고, 그 다음으로 필요한 스킬을 연습할 필요가 있어요. 여기서 진정성이란 '나는 당신을 위해 이렇게 좋은 콘텐츠를 열심히 준비해 왔습니다. 나는 당신의 성공을 기원합니다'라는 진심어린 마음을 가지는 거예요. 물론 이러한 마음이 청중에게 잘 전달될 수 있어야겠죠.

목소리 연출로
청중을
사로잡아라!

W 스피치 커뮤니케이션 대표, 우지은

충주 MBC 공채 아나운서 출신으로, 현재 W 스피치 커뮤니케이션 대표로 보이스 트레이닝 및 면접 스피치, 커뮤니케이션 스킬 등을 지도하고 있다. 프리랜서로 전환한 2005년부터 KBS, EBS, CBS, YTN 등의 국내 방송사와 대한민국 장애인 문화예술 대상 시상식, 노동부 사회적 기업 기념식 등의 국가 기업 행사 전문 MC로 활약했다. 또한 산업안전공단, 하나은행, 롯데월드 등의 각종 기업 홍보물 및 CF에 출연한 바 있으며, 국내 대학 및 기업체에 출강하고 있다. 저서로는 《목소리, 누구나 바꿀 수 있다!》, 《30일 완성 목소리 트레이닝》이 있다.

· 기업 홈페이지 www.wspeech.co.kr　　· 개인 홈페이지 www.gracemc.co.kr
· 이메일 etoile25@naver.com

 우지은.wmv

내가 생각하는 최고의 발표자는?

감성을 자극하는 목소리, 이금희 아나운서

대학생 시절부터 꾸었던 아나운서의 꿈을 이루고 현재 강의를 하는 지금에 이르기까지, 제가 추구하는 목소리와 스피치의 롤 모델은 이금희 아나운서입니다.

카메라 앞에 서서 준비한 내용을 시청자에게 전달하는 '방송'도 일종의 프레젠테이션이기 때문에 전달의 역할을 가장 잘하는 사람도 단연 아나운서라고 할 수 있겠죠. 하지만 주로 사실(Fact)만을 전달하는 아나운서의 목소리는 때로는 정갈함이 지나쳐 딱딱하게 들리기도 합니다.
프레젠테이션에서는 청중의 마음을 움직이기 위한 감성 자극이 필요하기 때문에 똑 부러지는 음성에 따뜻한 부드러움이 더해져야 합니다.

이금희 아나운서의 음성에는 정확한 전달력과 더불어 듣는 사람의 마음을 살살 녹여주는 부드러움과 상냥함이 가득합니다. 이금희 아나운서가 주는 따뜻함 때문에 KBS '아침마당' 프로그램의 장수 MC로서 활약하는 것이겠죠.

이금희 아나운서는 항상 이렇게 말합니다.
"여러분의 인생을 사세요, 여러분이 하고 싶은 일을, 여러분의 가슴이 뛰는 일을 하세요. 그 대신 책임을 져야 합니다. 책임을 지려 하지 않는 사람에게는 자신의 인생을 살 자격이 없습니다."

여러분, 이금희 아나운서는 목소리뿐만 아니라 내면까지도 이미 훌륭한 발표자의 자세를 갖추고 있습니다. 이금희 아나운서가 다른 사람보다 똑똑해 보이지도, 뛰어나 보이지도 않지만 그녀의 푸근한 인상과 온화한 목소리, 자신의 일에 대한 책임감 때문에 이금희 아나운서가 진행하는 방송은 신뢰감이 가는 것입니다.

목소리, 누구나 바꿀 수 있습니다!

목소리로 청중의 마음을 사로잡아라!

여러분은 생활하면서 목소리의 중요성을 언제 느끼시나요?
노래방에서 열창할 때, 소개팅 할 때, 프레젠테이션 할 때 등 목소리가 좋으면 상대방에 대한 호감이 생기고, 그 사람을 다시 한 번 쳐다보게 됩니다.
반면 멋진 외모에 호감을 가졌다가도 목소리가 좋지 않아 바로 실망하는 경우도 종종 있습니다.

실제 커뮤니케이션에서 목소리가 차지하는 비중은 얼마나 될까요?
미국의 사회심리학자인 앨버트 메라비언 교수가 연구한 커뮤니케이션의 구성요소별 비중을 보면, 전체를 100으로 봤을 때 목소리가 무려 38%를 차지합니다. 그 다음으로는 표정 35%, 태도 20%, 내용 7%로 예상했던 것보다 목소리의 비중이 매우 높은 것을 알 수 있죠. 지금 당장 목소리 트레이닝을 해야겠다는 생각이 들지 않으신가요?

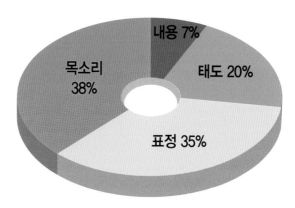

▲ 메라비언의 법칙

150

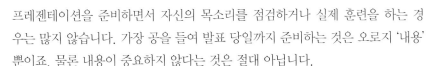

목소리는 메시지를 전달하고 설득하는 일등공신

프레젠테이션을 준비하면서 자신의 목소리를 점검하거나 실제 훈련을 하는 경우는 많지 않습니다. 가장 공을 들여 발표 당일까지 준비하는 것은 오로지 '내용' 뿐이죠. 물론 내용이 중요하지 않다는 것은 절대 아닙니다.

하지만 똑같은 원고를 보면서 동일한 내용을 발표하더라도 어떤 목소리로 말을 하는지, 어떤 표정을 짓는지, 어떤 옷을 입었는지에 따라 전달력과 설득력의 정도는 달라집니다. 우리가 크게 신경 쓰지 않았던 비언어적인 요소가 실제로는 크게 작용할 수 있다는 것입니다. 특히 의상이나 표정, 자세, 제스처 등 시각적인 부분은 조금만 신경 쓰면 그리 어렵지 않게 변화할 수 있지만, 목소리는 그렇지 않기 때문에 노력이 요구됩니다.

일 대 일로 이야기를 나누는 일상적인 대화에서도 목소리는 호감도, 신뢰감, 친밀도 등을 결정하는 요소로 중요하게 작용합니다. 특히 여러 사람 앞에서 크고 자신감 있게 자신의 생각을 표현해야 하는 프레젠테이션에서 발표자의 목소리는 더욱 중요하겠죠?

발표자의 음성이 작아서 청중에게 들리지 않는다면, 단조로운 목소리라서 집중할 수 없다면, 톤이 너무 높아서 시끄럽게만 들린다면, 사투리 억양이 심하다면 발표 내용이 아무리 알차더라도 그 누구도 그 내용에 집중할 수 없으며 훌륭한 발표였다고 평가받기는 어려울 것입니다.
목소리를 들었을 때 편안하고 풍부한 울림이 실려 있으며, 또렷하게 전달되는 좋은 목소리, 특히 발표를 할 때 청중을 집중시키는 매력적인 목소리를 여러분 모두 갖고 싶을 것입니다.

목소리가 마음에 들지 않는다면 바꾸세요!

사람들은 "목소리는 선천적인 것이기 때문에 바뀌지 않는다"는 선입견을 가지고 있습니다. 하지만 그렇지 않습니다.

저는 지난 6년 동안 보이스 트레이너로서 많은 분들의 목소리를 실제 훈련을 통해 바꿔왔습니다. 작고, 답답하고, 허스키하고, 불명확한 발음의 목소리가 3주~8주 정도 체계적인 훈련을 받으면 얼마든지 울림 있고 편안하면서도 부드러운 음성으로 변화됩니다.

부록 CD의 '우지은' 폴더에서 '01.mp4'를 들어보세요. 음성의 주인공은 다소 허스키하고 퍼지는 목소리와 불분명한 발음 때문에 저를 찾아왔어요. 그런데 트레이닝을 시작한 지 3주 후부터 변화가 나타났고, 8주부터는 풍성한 울림이 실리면서 윤기 있고 힘 있는 목소리로 변화했습니다.

트레이닝을 받은 후 얼마나 변화했는지 알고 싶다면 '02.mp4'를 들어보세요. 소리가 또렷하게 모아지면서 전달력이 꽤 높아진 것을 확인할 수 있습니다. 놀라운 변화가 느껴지시죠?

사람들이 저에게 묻습니다. 선생님은 원래부터 목소리가 좋으신 거 아닌가요? 아닙니다. 2001년에 처음 방송을 시작했던 당시의 제 목소리를 들어보시면 아마 깜짝 놀라실 텐데요, 궁금하시죠? '03.avi'를 들어보세요.

CBS에서 리포터로 처음 방송에 출연했을 당시의 목소리입니다.
어떤가요? 전문적으로 훈련받은 사람이라고는 생각하기 힘들 정도로 꽤 높은 톤으로 목에서 나오는 딱딱한 목소리입니다. 어린아이 목소리 같기도 하고, 억지로 예쁜 척 하는 것 같아 듣기 부담스러울 정도입니다. 이런 제 목소리가 어떻게 지금의 목소리로 바뀌었는지 궁금하시죠? 제 목소리가 궁금하신 분은 W 스피치 커뮤니케이션 홈페이지(www.wspeech.co.kr)를 방문해 보세요.

매력적인 목소리를 만들어 보세요!

좋은 목소리의 3요소

좋은 목소리의 3요소인 호흡, 발성, 발음을 갖추면 누구나 지금보다 훨씬 듣기 좋은 매력적인 음색을 가질 수 있습니다. 이 3가지 요소가 조화를 이루어야 맑고 힘이 있으며, 따뜻하고 전달력 있는 음성이 만들어지기 때문입니다.

그렇다면 호흡, 발성, 발음 중에서 가장 중요한 것은 무엇일까요? 바로 호흡입니다. 호흡이 되지 않으면 힘 있는 발성이 불가능해지고, 발성이 제대로 되지 않는 상태에서는 또렷한 발음도 만들어지기 힘들기 때문입니다. 따라서 호흡법부터 발성법, 발음법 순으로 배워보겠습니다.

호흡법에 들어가기에 앞서 좋은 목소리를 내기 위한 자세 수정이 필요합니다. 다리는 골반 너비로 벌리고 허리와 등, 머리가 일직선이 되도록 하여 편안한 자세를 유지하고 체중을 양발에 고르게 싣습니다.
바른 자세를 취하면 가슴이 넓게 펴지면서 동시에 목구멍과 입안 공간이 넓어져서 아름답고 좋은 목소리가 나올 수 있습니다. 이때 중요한 것은 몸 전체에 긴장감이 없어야 한다는 것입니다.

사람들이 저지르는 가장 큰 실수는 바른 자세를 취하라고 했을 때 어깨를 잔뜩 올리고 자신도 모르게 목에 힘을 주는 것입니다. 이런 상태에서는 제대로 된 발성이 나올 수 없다는 것을 명심하고 반드시 몸에서 힘을 빼야 합니다. 목소리 훈련을 시작하기 전에 온몸의 근육을 이완시켜 주기 위해 간단한 체조나 스트레칭을 해주는 것도 큰 도움이 됩니다.

1단계 : 건강하고 윤기 있는 목소리 만들기 – 복식호흡법

우리가 평상시에 하는 흉식호흡과 복식호흡은 어떤 차이가 있는지 알아보겠습니다.

흉식호흡은 가슴을 크게 부풀려서 숨을 들이마시는 호흡을 말합니다. 평상시에 크게 숨을 들이마셨을 때 가슴이 어떻게 되나요? 가슴이 부풀어 오르고, 어깨는 올라가고, 배는 쏙 들어갑니다. 반대로 숨을 내쉬면 가슴과 어깨는 내려오고 배는 툭 나오게 되지요. 흉식호흡을 여러 번 반복하면 숨이 차고 힘이 든다는 것을 느낄 수 있습니다. 폐활량이 적고 에너지 소모가 많은 호흡이지요.
이렇게 흉식호흡을 하면서 프레젠테이션을 하면, 호흡조절이 안 되면서 말이 빨라지고, 특히 큰 목소리를 내면 목 부분에 힘이 많이 들어가게 됩니다.

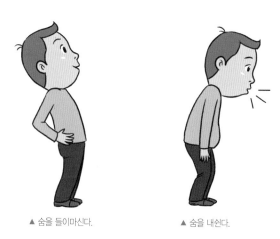

▲ 숨을 들이마신다.　　　　▲ 숨을 내쉰다.

가슴으로 숨을 들이마시고 소리를 크게 내보세요.

"아~~~!"

목에서 소리가 나죠. 목에서 나오는 딱딱한 소리와 배에서 나오는 부드럽고 윤기 있는 소리는 전혀 다릅니다. 목에서 힘을 무조건 빼야 하는데, 그러기 위해서는 복식호흡을 해야 합니다.

실습 ① 복식호흡 익히기

복식호흡이란 가슴 위로 쉬는 얕은 호흡이 아니라 공기를 배로 보내며 깊게 쉬는 심호흡입니다. 즉, 숨을 들이마셨을 때 배가 부풀어 오르고 내쉬었을 때 배가 쏙 들어가는 호흡이 바로 복식호흡입니다.

고무풍선을 생각하면 이해하기 쉽습니다. 풍선 안에 공기가 들어가면 부풀어서 빵빵해지고 공기가 나가면 홀쭉해지는 것처럼, 배를 움직이면서 공기의 양을 조절하면 됩니다.

코로 숨을 서서히 들이마시면서 의식적으로 공기를 배로 내려 보내세요. 자, 이렇게 들이마셔 배에다 채운 공기를 입으로만 '푸우~' 하고 내쉬세요. 그런 다음 아랫배에 가볍게 손을 대보세요.

숨을 완전히 내쉰 상태에서 윗몸을 젖혀 코로 숨을 들이마십니다. 그런 다음 허리를 직각으로 숙이면서 '푸우~~' 하고 내쉬어 보세요. 공기가 좌악 빠져 나가는 게 느껴집니다. 다시 상체를 세우면서 숨을 들이 마셨다가 허리를 굽히면서 '푸우~~' 하고 내쉬어 보세요.

처음에는 4초 동안 들이마시고 8초 동안 내뱉고, 두 번째에는 2초 동안 들이마시고 4초 동안 내쉽니다.

여기에서 제시하는 방법대로 호흡 연습을 반복하면서, 일상생활 속에서도 복식호흡을 할 수 있도록 의식적으로 노력해야 합니다. 다시 한 번 반복하지만, 상반신의 움직임 없이 배로 공기를 들이마시고 내쉬는 방법으로 복근의 이완과 수축을 반복하는 호흡이 복식호흡입니다. 자, 오른쪽 그림을 보면서 따라해 보세요.

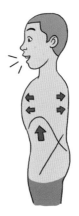

▲ 숨을 들이마신다.　　▲ 숨을 내쉰다.

2단계 : 힘이 느껴지는 풍성한 목소리 만들기 – 발성법

입을 크게 벌리고 손거울로 입안을 관찰해 보세요. 입을 벌렸을 때 목구멍 중간
에 목젖이 보이고, 또 목젖 양쪽으로 둥글게 생긴 아치 같은 부분도 보이죠?
그 상태에서 하품을 해보세요. 이때 목의 아치 부분은 둥글고 넓게 커지고, 목젖
바로 위에 붙어 있는 여린입천장, 연구개 부분은 위로 올라가는 것이 보입니다.

▲ 입을 벌렸을 때   ▲ 하품을 할 때

이와 같이 좋은 목소리를 내기 위해서는 목의 아치를 지금처럼 크고 둥글게 만
들어 주는 것이 중요합니다. 왜냐하면 성대에서 나온 소리가 입안의 넓어진 공
간 안에서 둥글게 공명하면서 더욱 맑고 큰 음성으로 만들어지기 때문입니다.

실습 ② 나무젓가락을 이용한 발성 훈련

나무젓가락 한 쌍을 이용하여 목의 아치를 둥글게 하
는 연습을 해보겠습니다.
나무젓가락의 두툼한 쪽을 양 어금니에 하나씩 가볍게
물어보세요.
어때요? 조금 전 하품했을 때처럼 목구멍이 활짝 벌어
진 느낌이 들죠?
그 상태에서 숨을 코로 들이마셨다가 입으로 내쉬면서
'아~~' 발성을 해보세요. 반드시 복식호흡을 해야 합
니다. 공기를 배에 채웠다가 배를 수축시키며 공기를
내보내면서 '아~~' 발성을 조금씩 시간을 길게 해보
는 겁니다.

① 발성을 위한 입 모양을 만들어 목의 아치를 관찰합니다.

② 선 자세로 '아~~' 하고 소리를 내세요.(5초, 10초, 15초)

③ 나무젓가락을 어금니로 물고 발성하면서 아치 부분의 감각을 느낀다.

④ 허리를 굽힌 상태에서 '아~~' 하고 소리를 냅니다.

⑤ '아~~' 소리를 내다가 목이 아닌 배에 힘을 주어서 호흡을 멈춥니다.

⑥ 스타카토로 '히 에 아 오 우', '히 헤 하 호 후' 소리를 냅니다. 한 호흡에 한 음절씩 끊어서 강하게 소리를 내면 됩니다.

실습 3 한쪽 다리 들고 책 읽기

한쪽 다리를 들어보세요.
어느 부분에 힘이 들어가나요? 체중을 싣고 있는 다리와 아랫배에 동시에 힘이 단단하게 들어갑니다.

한쪽 다리를 든 상태에서 복식호흡을 하면서 다음 내용을 큰 소리로 읽어보겠습니다. 저 멀리 있는 사람에게 전달하는 느낌으로 크고 우렁찬 소리를 만들어 보겠습니다. '/' 표시에서만 숨을 들이마시면서 낭독해 보세요.

04.wmv

어떠한 역경 속에도 / 최고의 기회, / 최고의 지혜가 숨겨져 있다. /
이 세상에 실패는 없다. / 단지 미래로 이어지는 / 결과가 있을 뿐이다. /
인재야말로 / 최대의 자본임을 명심하고 / 인간관계를 중시하자. /
인생 최고의 보람은 / 일을 즐겁게 하는 데 있다. /
성공에 필요하다면 / 무슨 일이든 하겠다는 / 생각을 가져라.
– 앤서니 로빈스의 《성공에의 신념》 중에서

아랫배에 힘이 들어가면서 배가 수축되는 느낌을 받았나요?

큰 목소리를 낼 때, 목이 아니라 아랫배에 힘을 주면 풍성하면서도 힘 있는 목소리가 쉽게 나옵니다.

실습 ④ 5단계 발성법

음성의 변화가 단조로우면 발표를 할 때 잘 들리지 않고 집중이 되지 않습니다. 좀 더 생동감 넘치는 목소리를 내기 위해서는 음성에 변화를 주어야 하는데, 여기에서는 성량에 변화를 주는 연습을 해보겠습니다.

문장 옆에 쓰여 있는 숫자 '(20)'은 옆 사람과 소곤대는 작은 소리입니다. '(100)'은 자신이 최대한 낼 수 있는 큰 목소리를 의미합니다.

자, 이제부터 다음 문장을 성량에 변화를 주면서 읽어보겠습니다. 각 문장에 적힌 숫자를 보면서 목소리의 크기를 키워나갑니다.

05.wmv

> 독서하는 습관은 교양인을 만들고 (20)
> 노력하는 습관은 전문가를 만들고 (40)
> 표현하는 습관은 달변가를 만들고 (60)
> 행동하는 습관은 성공인을 만들고 (80)
> 연설하는 습관은 지도자를 만듭니다!!!! (100)

'(20)'의 음성으로 말할 때는 숨을 들이마시고 배가 조금만 수축하겠지요. 하지만 '(100)'에 가까워질수록 배가 점점 더 많이 수축하면서 큰 목소리를 배에서 끌어올리듯이 발성하는 것이 포인트입니다.

3단계 : 부드럽게 감싸는 목소리 만들기 - 마스크 공명법

발성법에서 가장 핵심 되는 내용은 바로 마스크 공명 발성법입니다.
목소리가 좋은 배우를 떠올려 보세요. 이선균, 한석규, 이병헌 등 귓가를 부드럽게 감싸는 음성이 들리는 듯 하죠?
이들 목소리의 공통된 특징은 중저음으로 톤이 약간 낮으면서도 공명음이 살아 있다는 점입니다. 말을 할 때 풍성하고도 깊게 울리는 공명음은 상대방에게 편안함과 신뢰감을 줍니다.
이러한 공명음은 마스크 공명법을 연습하면 누구나 충분히 만들 수 있습니다.

마스크 공명법은 목소리에 부드러운 울림을 실어줌과 동시에 자기 목소리 톤을 찾는 방법입니다. 사람마다 고유의 발성구조에서 편안하게 나올 수 있는 건강한 최적의 목소리 톤이 있는데, 그 톤을 찾아가는 것이지요. 공명음이 잘 들리면서도 편안한 자기 목소리 톤을 찾는 방법을 알려드리겠습니다.

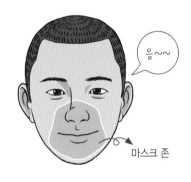

음~~

마스크 존

복식호흡으로 숨을 들이마신 후 내쉴 때 공기를 코와 입 주변(마스크 존)으로 최대한 모아서 빈 공간(구강과 비강)을 울리며 '음~~' 허밍을 하는 겁니다. 목에서 나오는 소리가 아니기 때문에 목에서는 완전히 힘을 빼고, 그저 편안하게 빈 공간 안에서 공기를 진동시킨다는 느낌으로 해보세요.

허밍을 하면서 한쪽 손은 코 주변을 만지고 한쪽 손은 성대가 있는 후두를 만져 보세요. 자기 목소리 톤이 아닌 너무 높거나 낮은 목소리를 내면, 후두가 위아래로 움직이면서 후두 주변의 근육이 긴장되고 공명음이 사라지는 것을 느낄 수 있습니다. 후두가 움직이지 않는 상태에서 편안하게 진동하면서 나오는 소리가 바로 자신의 진짜 목소리 톤입니다.

후두가 움직이지 않는 상태에서 편안하게 진동하면서 나오는 자신의 진짜 목소리 톤을 유지합니다. 이제 공기는 최대한 마스크 쪽으로 모아서 공명음을 만들어 보겠습니다. '음~~' 같은 톤을 유지하면서 하나부터 열까지 세어보세요. 나머지 실습법도 따라해 봅시다.

06.wmv

음~~~ 하나~~

음~~~ 두울~~

음~~~ 세엣~~

음~~~ 네엣~~

음~~~ 다섯~~

음~~~ 여섯~~

음~~~ 일곱~~

음~~~ 여덟~~

음~~~ 아홉~~

음~~~ 열~~

음~~~ 아이오 / 음~~~ 나니노 / 음 ~~~ 마미모 / 음 ~~~ 라리로

음~~~ 나~라~사~랑 / 음 ~~~ 노~란~레~몬 / 음~~~ 노~래~자~랑

음~~~ 나보기가 역겨워 가실 때에는

음~~~ 말없이 고이 보내 드리오리다.

음~~~ 영변에 약산 진달래꽃

음~~~ 아름 따다 가실 길에 뿌리오리다.

입은 크게 벌려서 목의 아치는 둥글게 만들어 주고, 입천장은 올리고, 공기는 마스크 존 쪽으로 모아서, 소리가 앞니 뒤쪽에서 아치를 그리며 튀어나간다고 상상하며 발성을 해보세요. 훨씬 또렷하고 맑은 소리가 나올 것입니다.

실습 6 복식호흡과 발성, 스피치에 적용하기

호흡과 발성 훈련을 하는 이유는 실제 발표에 적용하기 위해서입니다.
지금까지 배운 내용을 간단한 스피치에 적용해 보겠습니다.

'/' 표시가 된 곳에서 숨을 들이마시고 호흡조절을 하면서 발성을 하세요.
이때 얼굴에 미소를 띠우면 얼굴 근육이 당겨지면서 연구개가 올라가고, 입안의
공간도 커져서 더욱 맑게 공명하는 경쾌한 목소리가 나옵니다.
다같이 상냥하게 웃는 표정으로 말해 볼까요?

07.wmv

> 안녕하세요? /
>
> 미소가 아름다운 여자(남자) ○○○입니다. /
>
> 여러분, / 만나 뵙게 돼서 / 정말 반갑습니다. /
>
> 저는 오늘 / 목소리 연습방법을 배워서 /
>
> 더욱 멋진 프레젠테이션을 하기 위해 / 참석했습니다.

4단계 : 전달력 있는 목소리 만들기 – 발음법

발음을 부정확하게 하는 가장 큰 이유는 무엇일까요?

많은 사람들이 입이 작다거나, 혀가 짧다거나 하는 선천적인 조건 때문이라고 생각하지만, 사실 선천적인 조건 때문에 발음이 안 되는 사람은 소수에 불과합니다.

발음이 좋지 않은 가장 큰 이유는 편하고 쉽게, 대강 발음하는 좋지 않은 습관 때문입니다. 즉, "우리말이니까, 대강 말해도 다 알아듣겠지" 하는 생각으로 조음기관(혀, 입술, 얼굴근육, 턱 등)을 움직이지 않고 게으르게 발음하기 때문이죠.

따라서 발음을 잘하기 위해서는 스피치를 하기 전에 조음기관을 충분히 풀어주어야 합니다. 저 역시 방송이나 강의를 하기 전에 반드시 조음기관을 풀어주는 시간을 갖습니다.

실습 ⑦ 조음기관 풀어주기

발음을 정확하게 잘하기 위해서는 스피치를 하기 전에 조음기관을 충분히 풀어주어야 합니다. 다음 설명을 잘 따라해 보세요.

① 손바닥 아랫부분을 이용해 볼 전체를 원을 그리듯이 마사지를 해줍니다.

② 양 뺨을 풍선처럼 빵빵하게 부풀린 채로 5초 동안 그대로 유지하세요.

③ 입술의 힘을 빼고 공기를 가볍게 내보내며 "푸르르르" 입술을 떨어줍니다.

④ 혀로 "똑딱똑딱" 여러 번 소리를 내보세요. 이때 '오', '아'의 입모양을 크고 확실하게 합니다.

⑤ 입술을 오므리고 앞으로 쭉 내민 상태에서 시계방향과 시계반대방향으로 마구 돌려줍니다.

⑥ 혀를 길게 내밀었다 접었다 반복합니다.

⑦ 혀로 입안 구석구석을 마구 핥아주세요. 혀뿌리가 뻐근해지는 느낌이 들 때까지 충분히 움직여줘야 합니다.

! 발음을 잘하는 비결 7가지

1. 깊게 숨을 들이마신 후에 말하라!

가슴으로 하는 얕은 호흡을 하면서 입술만 가볍게 움직이며 말하는 것이 아니라, 바른 자세에서 복식호흡으로 깊게 숨을 들이마시고 좋은 발성으로 말을 하면 발음도 더욱 명확해집니다.

2. 천천히 또박또박 말하라!

말하는 속도가 빠르면 한 음, 한 음을 정확하게 발음하기 어렵습니다. 호흡을 느끼며 조금은 여유 있게 천천히, 또박또박 말을 하면 전달력을 훨씬 높일 수 있습니다.

3. '오'와 '우' 모음을 제대로 발음하라!

발음을 명확하게 하기 위해서는 모음에 따른 입모양을 정확하게 만들어 주는 것이 중요합니다. 여러 모음 중에서도, 특히 '오, 우'를 제대로 발음하지 않으면 웅얼웅얼 말하는 것 같은 답답한 느낌이 듭니다. 따라서 좀 더 또렷한 느낌을 주기 위해서는 입을 오므리고 앞으로 쑥 내밀어서 입 모양을 정확하게 만들어 줘야 합니다.

4. 장단음을 제대로 알고 발음하라!

우리말은 장단음을 잘 살려 말하면 훨씬 품위 있고 세련되게 들립니다. 장음 단어는 문장 안에서 길고 높게 들리기 때문에 자연스럽게 강조가 되고 우리말에 부드러운 리듬감이 생기게 합니다. 국어사전을 펼쳐보면 장음을 표시한 단어가 많이 있습니다. 물론 다 외우기는 힘들기 때문에, 자신이 자주 사용하는 단어가 있다면, 장단음을 찾아보고 활용해 보는 것이 좋습니다.

5. 받침 'ㄴ, ㄷ, ㄹ, ㅁ, ㅂ'의 발음에 신경 쓰자!

받침의 발음을 제대로 하지 않으면 혀 짧은 소리, 어린아이 같은 소리가 납니다. 발음은 사람의 이미지 중에서 지적인 이미지와 매우 깊은 연관이 있습니다. 아무리 똑똑한 사람일지라도 받침을 제대로 발음하지 않으면 지적인 이미지와 거리가 멀게 느껴집니다.

6. '파, 카, 타'는 부드럽게 발음하라!

특히 마이크를 들고 스피치를 할 때 '파, 카, 타'와 같은 파열음을 강하게 발음하면 소리가 탁탁 튀면서 귀에 거슬리는 소리가 납니다. 그러므로 소리를 거칠게 내뱉듯이 내지 말고 입안에서 부드럽게 울리듯이 소리를 내보시길 바랍니다.

7. 어미를 분명하게 처리하라!

어미를 어떻게 처리하느냐에 따라 말의 전체 분위기가 좌우됩니다. 특히 말끝을 흐리는 습관은 확신이 없는 듯한 느낌을 주기 때문에 좋지 않습니다. 또한 어미를 길게 늘이거나 올리는 분도 있는데, 프레젠테이션을 할 때는 어미는 내려서 짧고 분명하게 끝을 맺는 습관을 들이는 것이 중요합니다.

실습 8 발음의 기초훈련

가장 기초적인 발음훈련은 바로 자·모음표 바르게 읽기입니다.

숨을 한번 들이마신 후 '아 야 어 여 오 요 우 유 으 이'를 한 호흡으로 끝까지 같은 속도로 읽어봅시다. 거울을 보며 모음의 입 모양에 신경을 쓰면서 연습하는 것이 좋습니다.

특히 경상도 사투리를 쓰는 사람들이 '어'를 '으'로 발음하는 경향이 있는데, 턱을 약간 내려서 '에'를 발음할 때 정도로 입을 벌려주어야 '어'를 정확하게 발음할 수 있습니다.

다음 지문을 보면서 '가'부터 '히'까지 연습해 보세요.

08.wmv

가갸거겨고교구규그기	아야어여오요우유으이
나냐너녀노뇨누뉴느니	자쟈저져조죠주쥬즈지
다댜더뎌도됴두듀드디	차챠처쳐초쵸추츄츠치
라랴러려로료루류르리	카캬커켜코쿄쿠큐크키
마먀머며모묘무뮤므미	타탸터텨토툐투튜트티
바뱌버벼보뵤부뷰브비	파퍄퍼펴포표푸퓨프피
사샤서셔소쇼수슈스시	하햐허혀호효후휴흐히

실습 ⑨ 나무젓가락 물고 발음 연습하기

볼펜을 물고 발음연습을 한다는 얘기는 많이 들어 보셨을 텐데요, 사실 굵은 펜보다는 나무젓가락을 반으로 가른 것이나 이쑤시개 등 가느다란 것이 좋습니다. 나무젓가락을 입에 무는 데도 요령이 있습니다.

젓가락을 앞니로 가볍게 물어서 입안에서 혀가 움직일 공간을 만들어 주어야 합니다. 이 상태에서 발음을 정확하게 하려고 애쓰다 보면 윗입술을 포함한 입 주변의 근육이 많이 움직입니다.

발음이 부정확한 분들을 보면 윗입술 주변 근육이 거의 움직이지 않는 것을 볼 수 있는데, 이 훈련은 이러한 굳어진 근육을 부드럽게 풀어주기 위한 것입니다. 나무젓가락을 물고 최대한 윗입술을 들어 올리듯이 부지런히 움직여보세요.

'애국가' 가사로 연습해 보겠습니다. 먼저 애국가 가사의 모음만 읽어본 후, 한 음절씩 천천히 소리내어 읽어보세요.

09.wmv

> 동해물과 백두산이 마르고 닳도록
> 하느님이 보우하사 우리나라 만세
> 무궁화 삼천리 화려강산
> 대한사람 대한으로 길이 보전하세

애국가 가사에 나오는 모음을 보면 '오애우와애우아이아으오아오오…', 즉 입술이 많이 움직일 수밖에 없는 모음들로 이루어져 있습니다. 앞에서 배운 복식호흡과 발성, 정확한 발음까지 적용해서 한 음절씩 천천히 소리 내어 읽다 보면, 좋은 목소리의 3요소인 '호흡+발성+발음'을 동시에 연습하면서 목소리가 다듬어집니다.

'간장공장 공장장'과 같은 어려운 발음을 따로 모아둔 문장을 읽으며 발음 연습을 좀 더 해보겠습니다. 바른 자세를 취하고 숨을 들이마신 후, 조음기관을 충분히 움직이면서 다음 문장을 천천히, 또 빠르게 읽어봅시다. 발음이 잘 되지 않는 부분만 따로 체크해 두고 반복해서 연습하기를 바랍니다.

10.wmv

대한관광공사 곽진관 관광과장

안병휘 대통령 특별 보좌관

중앙청 철창살 쌍창살 철도청 쇠창살 겹창살

앞집 팥죽은 붉은 팥 풋팥죽이고, 뒷집 콩죽은 햇콩죽이고,
우리 집 깨죽은 검은 깨 깨죽인데,
사람들은 팥죽 콩죽 깨죽 먹기를 워낙 싫어하더라.

담임선생님의 담당과목은 화학과목이고,
담임 닮은 담임선생님의 단골집 닮은 주인은
닭장에서 닭 모이 주는 게 그의 취미이다.

5단계 : 생동감 넘치는 목소리 만들기 – 강조법

A라는 사람이 발표를 하면 귀에 쏙쏙 들어오고 어떤 메시지인지 명확하게 파악이 되는 반면, B라는 사람이 발표를 하면 도저히 무슨 이야기를 하는지 귀에 잘 들어오지도 않고 핵심이 파악되지 않는 경우가 있습니다. 여기에는 여러 가지 이유가 있지만 강조법을 잘 살려서 말을 하느냐 그렇지 않느냐의 차이도 큰 부분을 차지합니다. 그럼 지금부터 우리가 쉽게 적용할 수 있는 강조법 네 가지를 살펴보겠습니다.

실습 ⑪ 높임 강조

강조하고 싶은 부분에서 톤을 높이며 힘을 주어 강조하는 방법입니다. 힘을 준 단어는 청중에게 중요한 내용이라는 인식을 심어줄 수 있습니다.

> • 발표를 잘하고 싶다면, 리허설을 최소 **세 번 이상** 하십시오.
> • 완벽한 프레젠테이션을 하려면, 완벽하게 **준비**해야 합니다.
> • 될 수 있는 한 스크린보다 **청중**을 많이 보십시오.

11.wmv

실습 ⑫ 낮춤 강조

무조건 강하게만 말한다고 해서 강조가 되는 것이 아니지요. 내용에 따라 작은 소리로 톤을 낮추어서 말함으로써 그 의미가 증폭되어 강조가 되기도 합니다.

> • 지금 포기한다면, 엄청난 기회를 **잃어버리게 됩니다.**
> • 조수와 같은 나의 기분이 격앙되기도 하고 **침체되기도 합니다.**
> • 땀방울이 맺힌 선수들의 모습은 **진한 감동을 줍니다.**

실습 ⑬ 속도를 늦춰서 강조

청중들이 잘 알고 있는 쉬운 부분은 속도를 빠르게 하고, 어렵고 복잡한 내용이나 강조할 부분은 천천히 또박또박 속도를 늦춰서 강조하는 방법입니다. 톤은 일정하게 하면서 속도만 부분적으로 늦추세요.

> • 발표를 할 때는 문어체가 아닌 **구어체로** 말해야 합니다.
> • 청중의 **공감**이나 **동의**를 얻지 못한다면 그 발표는 실패입니다.
> • 청중을 집중하게 만들려면 목소리에 **변화**를 주십시오.

12.wmv

실습 14 포즈(Pause)를 통한 강조

중요한 단어, 강조하고 싶은 내용 앞에서 잠깐의 포즈를 두는 것입니다. 잠깐 말을 멈추는 찰나의 순간, 청중은 다음에 이어질 말을 기대하며 발표자의 말에 더 귀를 기울이게 됩니다.

> • 여러분, 목소리를 변화하고 싶으십니까? /// 그렇다면, 연습하십시오.
> • 새로운 스킬을 배우는 데는 몸으로 배울 수 있는 것과 /// 머리로 배울 수 있는 것이 따로 있습니다.
> • 프레젠테이션의 구조가 다르면 /// 설득력이 달라집니다.

실습 15 4가지 강조법으로 라디오 CM을 활용한 감정이입 연습하기

CM(Commercial Message)은 청취자가 들었을 때 귀에 쏙쏙 들어오게끔 성우들이 강조법을 잘 살려서 녹음합니다. 성우(Voice Actor)는 목소리 연기자이기 때문에 내용에 따른 감정이입을 잘하죠.

만약 무대에 서서 프레젠테이션을 한다면 여러분도 연기자가 됐다고 상상하는 것이 좋습니다. 내가 마치 CM을 녹음하는 성우가 되었다고 상상하면서, 다음 내용에 감정을 넣고 강조법을 살려서 음성표현을 해보겠습니다.

> 중고차도 브랜드가 있다면서요?   생각하면 눈물이 나올 만큼
> 아~ 중고차 백화점 자마이카~   나를 아껴주는 남자
> 정찰제라 믿음직하고 품질보증에   이렇게 많은 사람들이 사는 세상에서
> 100% 환불까지~   유일하게 나를 사랑하는 남자.
> 그래서 더 든든하죠~   그는 지금 나의 신랑입니다.
> 대한민국 대표 중고차 브랜드~   나의 신랑 나의 웨딩홀
> 자마이카!   상암월드컵 컨벤션 웨딩뷔페

13.wmv

실전 프레젠테이션 원고를 통한 연습

실전 프레젠테이션 종합 훈련

지금까지 복식호흡법, 발성법, 발음법, 강조법 4가지, 감정이입 훈련까지 매력적인 목소리를 만드는 기본 단계를 모두 익혔습니다. 이제 이 내용을 모두 종합해서 실전 프레젠테이션에서 어떻게 표현할 것인지를 고민해 보고 훈련하는 것이 중요합니다.

실습 16 프레젠테이션 연습하기

다음 내용을 실제 발표하는 원고라고 생각하고, 지금까지 배운 모든 것들을 여기에 적용해봅시다.

내용에 몰입하다 보면 목소리 변화는 물론이거니와 표정에도 변화가 생기고, 제스처도 자연스럽게 툭툭 튀어나오는 것을 느낄 수 있습니다. 이러한 모든 변화를 통해 청중이 발표자에게 집중하게 하고 내용의 몰입도를 높여줄 수 있습니다.

자, 다같이 다음 내용으로 실제 발표를 해볼까요?

14.wmv

> 2001년 이래 매년 우리 회사는 매출 목표를 훌륭하게 달성해왔습니다.
> 이를 두고 업계에서는 경이적인 성취라고 평가하기도 하는데요. 내년의 목표는 국내
> 시장점유율 35%, 그리고 미국 내 시장점유율 7%입니다. 그동안의 실적으로 미루어볼
> 때, 내년에도 충분히 목표를 달성할 수 있으리라 생각합니다.
>
> 저희 H건축은 단 한 가지만 강조하고자 합니다. 저희가 짓고자 하는 것은
> 박물관도 기념관도 아닌 바로 구민을 위한 문화복지 종합청사입니다.
> 구민에게 진정 필요한 종합청사는 어떤 모습이 돼야 하겠습니까?
> 저희는 구민이 함께 감동하고, 함께 호흡할 수 있는 화합의 장이 마련된
> 열린 청사를 짓고자 합니다.

지금까지 '목소리 연출로 청중을 사로잡아라'의 핵심 내용을 모두 전해드렸습니다. 다시 한 번 정리를 하면, 좋은 목소리를 만들기 위해서는 우선 복식호흡을 통한 발성하기가 가장 중요합니다. 이때 입모양은 크게, 목의 아치는 넓고 둥글게 만들어 공명할 수 있는 충분한 공간을 만들어야겠죠. 그 후 공기는 마스크 쪽으로 모으고 공기가 앞니 뒤 쪽에서 아치를 그리며 튀어나간다고 상상하며 발성하는 것입니다.

평상시에 '음~~ 아~~' 발성 훈련을 통해 자기 톤을 찾고, '음~~' 할 때의 공명음이 다음 문장으로 그대로 이어질 수 있도록 말하는 훈련을 거듭하면 됩니다. 그리고 모음에 따른 입모양을 정확하게 하고 자음에 따른 혀의 위치를 잘 잡아주면 발음이 훨씬 또렷해집니다.

거기에 강조법 4가지를 살리고 감정을 실어준다면 여러분의 목소리는 이전과는 전혀 다른 더욱 생동감과 자신감이 넘치는 목소리로 변할 것입니다.

훈련 방법은 전혀 어렵지 않습니다. 가장 중요한 것은 얼마나 자주, 또한 꾸준히 '연습'하느냐는 것입니다. 앞부분에서 들려드렸던 것처럼 목소리는 불과 몇 주 만에 여러분이 상상하는 것 이상으로 멋지게 바꿀 수 있습니다. 하루에 단 10분씩이라도 오전 중에, 하루 종일 활용할 내 목소리를 준비한다는 마음으로 목소리 연습을 해보기 바랍니다.

열정과 전문성이 느껴지는 발표자의 음성을 들었을 때, 청중은 더욱 신뢰감을 느끼고 내용에 집중하게 되며 따라서 여러분의 주장에 자연스럽게 설득될 것입니다.

'목소리의 힘'을 무시하지 말고 목소리의 무한한 능력을 자유자재로 활용해서 멋진 발표자로 거듭나시길 바랍니다.

멋진 발표자가 되기 위한 Q & A

Q 복식호흡, 마스크 공명 발성, 발음 중에서 어떤 것이 가장 중요한가요?

A 복식호흡은 매력적인 목소리를 만드는 첫 단계!

가장 중요한 것은 바로 '복식호흡'이에요. 복식호흡이 가능해야만 힘 있고 풍부하고, 윤기 있는 발성이 가능해집니다. 호흡과 발성이 된 상태에서 발음을 또렷하게 했을 때 내 목소리를 듣는 상대방이 '아~ 정말 듣기 좋다!'라고 느끼게 되기 때문이죠. 복식호흡을 연습하는 가장 쉬운 방법은 바닥에 바로 누워서 목소리를 내는 것입니다. 등을 바닥에 대고 누우면 가슴과 어깨를 움직이기 힘들기 때문에 배로 호흡하기 훨씬 쉬워집니다.

Q 프레젠테이션 할 때 긴장하지 않으려면 어떻게 해야 하나요?

A 긴장은 좋은 목소리의 최대의 적!

긴장을 완화하는 좋은 방법은 프레젠테이션 하기 전에 전신 스트레칭을 하는 것입니다. 온몸의 근육이 부드럽게 이완되어 있을 때 목소리 역시 편안하게 나오게 되지요. 또한 복식 호흡을 깊고도 천천히 하면, 빠르게 뛰던 심장박동이 잦아들면서 마음의 안정감을 찾을 수 있습니다.

하지만 무엇보다도 가장 좋은 방법은 '나는 잘 할 수 있다! 이번 발표는 성공적으로 마칠 것이다! 나는 나를 믿는다!'와 같은 긍정적인 말을 자신에게 반복해서 해주며 마인드 컨트롤을 하는 것입니다

Q 성공적인 프레젠테이션에서 가장 중요한 것은 무엇인가요?

A 프레젠테이션은 퍼포먼스라고 생각해요. 배우는 관객에게 최상의 퍼포먼스를 보여주기 위해 시나리오를 잘 짜고, 무대 앞에서 그 내용을 관객에게 잘 표현하기 위해 대사뿐만 아니라 각 부분의 표정, 제스처, 동선을 외우죠.

성공적인 프레젠테이션을 위해서도 같은 과정이 필요하다고 생각해요. 발표자는 자신이 프레젠테이션이라는 한 연극의 배우가 되었다고 생각하고, 시나리오를 짠 후 그 내용을 완벽하게 소화하기 위해 대사뿐만 아니라 표정, 제스처, 동선까지 연습해야 합니다.

Image Making

프레젠테이션
이미지 연출

프레젠테이션 발표자의 이미지 연출도 전략이다!

 (주)CMK이미지코리아 대표, 조미경

국내 유수 기업 및 공기업, 병원, 금융 기관의 이미지 컨설팅을 담당하고 있는 (주)CMK이미지코리아의 조미경 대표는 일본, 프랑스, 미국, 독일 등에서 색채 디자인과 메이크업, 이미지 메이킹 과정을 수료하였다. 겔랑 화장품으로 유명한 LVMH 그룹의 실장 및 아모레 퍼시픽 태평양 뷰티 아카데미 주임강사를 역임한 바 있으며, 현재 한국메이크업전문가협회 이사와 조선대 영상 디자인학부 겸임교수로 재직 중이다.

- 홈페이지 www.cmkimage.co.kr
- 트위터 @CMKimage
- 이메일 cmkimage@hanmail.net
- 블로그 blog.naver.com/mkcho55

 조미경.wmv

내가 생각하는 최고의 발표자는?

일루셔니스트 이은결

물 흐르듯 유창한 말솜씨만 있으면 프레젠테이션에 성공
할 수 있을까요?
청중을 압도할 수 있는 카리스마, 이목을 집중시킬 수 있
는 노련한 몸짓, 발표장 분위기에 어울리는 스타일이 모두
충족되어야 비로소 프레젠테이션에 성공할 수 있습니다.

대한민국 마술을 대표하는 이은결은 프레젠테이션을 준비
하는 발표자에게 좋은 본보기가 됩니다. 세계 최고 마술사
들과 겨뤄도 손색이 없는 그만의 스타일을 창조했기 때문
이죠.

그의 트레이드마크인 바짝 세운 '번개머리'는 비록 그의 이름은 기억하지 못해도
누구나 그를 '번개머리' 마술사로 기억하게 합니다.

마술도 또 하나의 프레젠테이션 장르라고 할 수 있습니다.
마술사 이은결은 자신이 무대에 오르기까지 10년 동안 피나는 수련 과정을 거쳤
다고 합니다. 세계 정상의 마술사라 해도 손색이 없을 그도 꾸준한 연습과 노력
을 하고 있다는 사실은 프레젠테이션 무대에 서는 발표자에게 연습이 얼마나 중
요한지를 일깨워 줍니다.

이은결의 마술은 화려한 무대와 반짝이는 조명장치에 기대지 않습니다. 오로지
자신의 노력과 재능을 믿고 무대에 오르는 것입니다. 그래서 길거리에서건 기차
대합실에서건 그의 마술은 언제나 환영받고 관중을 끌어 모으는 것입니다. 음향
기기가 완벽한 회의실에서만 프레젠테이션을 진행할 수는 없습니다. 그러므로
언제 어떤 상황에서도 당황하지 않도록 철저히 준비해야 합니다.

마술이 무한한 소통을 지향하는 것처럼, 프레젠테이션 발표자도 청중을 향한 열
린 마음으로 항상 소통하는 자세를 갖춰야 합니다.

나만의 성공 이미지를 찾아라!

사람의 마음을 잡아끄는 힘, 매력을 팔아라!

컬럼비아 대학 MBA 과정을 수강하는 CEO에게 물어보았습니다.

> "당신의 성공 비결은 무엇입니까?"

CEO의 93% 이상이 자신의 성공 비결은 사람의 마음을 잡아끄는 힘, 매력 때문이라고 답했습니다. 성공하는 발표자가 되기 위해서는 상품을 팔지 말고 매력을 팔아야 합니다.

상품은 보이는 것일 수도 있고 보이지 않는 것일 수도 있습니다. 그러나 확실한 것은 청중 또는 상대방에게 상품만 전달하려 하면 감동과 감흥을 줄 수 없다는 것입니다. 상품과 함께 보이지 않는 가치에 대해서도 전달할 수 있어야 합니다. 사람의 마음을 사로잡는 힘, 즉 매력이 새로운 경쟁력이 된 것입니다.

사람마다 가지고 있는 매력과 이미지에 따라 우리는 많은 것을 상상하고 착각하기도 하죠. 이것을 '사회적 착각'이라고 합니다. 프레젠테이션 또한 발표자의 이미지와 행동에 따라 신뢰할 수도 있고 때로는 거짓이 아닐까 의심할 수도 있죠. 그래서 발표자가 자신의 매력을 얼마만큼 발산하느냐, 청중에게 어떤 사회적 착각을 유도하느냐에 따라 프레젠테이션의 성공을 예측할 수 있습니다.

 번개머리 마술사, 이은결

'이은결'이라는 이름보다 삐죽삐죽한 번개머리에 귀여운 송곳니가 트레이드마크인 마술사 '이은결'이라고 하면 쉽게 기억할 수 있는 것처럼, 사람들에게는 지식보다 이미지가 쉽게 인식됩니다. 그래서 지식을 오랫동안 기억하기 위해 이미지화하기도 합니다.

하지만 모든 이미지가 사람들에게 똑같이 기억되진 않습니다. 이미지와 개체가 잘 어울릴 때 받아들이기 쉽습니다. 이미지로 성공하는 사람들은 대개 자신이 만든 이미지와 본래 모습이 잘 어울리는 경우가 많습니다.

성공 사례 2 1인 기업, 골프 선수 미셸 위

미셸 위의 'SK텔레콤 오픈 2001' 대회 상금은 겨우 405만원이었지만 그녀의 TV 광고료는 300억을 훌쩍 넘었습니다. 과연 미셸 위의 어떤 매력이 이렇게 고수익을 가져다주는 걸까요? 골프 선수로서 실력보다 중요한 것이 없을 텐데 말이죠.

미셸 위는 시합에 참가할 때마다 여러 명의 컨설턴트와 함께합니다. 메이크업부터 의상, 관객을 향한 몸짓까지 최고의 이미지를 보여주기 위해 정성을 쏟지요. 톡톡 튀는 그녀의 발랄함과 모델 못지않은 몸매, 세련된 매너까지, 이러한 매력 덕분에 그녀는 BMW 미니, 오메가 워치 등 수많은 명품 브랜드의 모델로 활약하며 골프 상금보다 훨씬 많은 협찬 홍보 수익을 거두고 있습니다.

실력이 조금 모자라더라도 골프를 하는 사람이라면 누구나 그녀와 함께 운동하고 싶어 하는 것도 미셸 위의 매력 덕분이겠죠?

좋은 이미지를 만들어라!

이미지란 라틴어 Image에서 유래한 말로, 사전적 의미로는 모양 · 느낌 · 영상 · 관념을 뜻합니다. 철학이나 심리학에서는 감각기관에 대한 자극작용 없이 마음속에 떠오르는 표상이라고 설명하고 있습니다. 따라서 이미지는 1차적 느낌만으로도 생성될 수 있기 때문에 대상에 대한 이미지 형성에는 불과 몇 초의 시간 밖에 걸리지 않게 되는 것입니다.

● 따뜻한 이미지 vs 차가운 이미지

사람의 이미지는 따뜻한 이미지, 차가운 이미지로 나눌 수 있습니다. 두 가지 이미지 중 어떤 이미지가 더 좋은 이미지인지 구분할 수는 없습니다. 단지 보편적으로 따뜻한 이미지를 지닌 사람에게는 친근감을, 차가운 이미지를 지닌 사람에게는 신뢰감을 느낄 뿐입니다.

따뜻한 이미지와 차가운 이미지는 체형, 이목구비, 말투, 몸짓, 모든 것에서 영향을 받게 됩니다. 부드러운 인상과 온화한 미소를 띠고 있는 사람은 따뜻한 이미지를 갖고 있어 상대방에게 편안함을 느끼게 합니다. 반대로 날카로운 눈매와 강직한 표정을 지닌 사람에게는 차가운 이미지가 풍겨 확실한 일처리 능력을 갖고 있음을 미루어 짐작할 수 있습니다.

예를 들어, 간부급 프레젠테이션에 참여할 경우, 차가운 이미지를 강조하는 것이 좋습니다. 일처리를 매끄럽고 확실하게 처리하고 있다는 인상을 주기 위해 회색 수트를 입거나 무테 안경을 착용하여 세련되고 깔끔한 느낌을 주는 것이 좋습니다. 반면 고객과의 만남에서는 차가운 인상이 긴장감과 불편함을 줄 수 있으므로 밝은 색상의 옷차림 또는 부드러운 말투로 따뜻한 인상을 심어주는 것이 좋습니다.

▲ 따뜻한 이미지　　　　　　　　▲ 차가운 이미지

상황에 따라, 만나는 상대에 따라 자신이 갖고 있는 따뜻한 이미지와 차가운 이미지를 강조하기도 하고 보완하기도 한다면 자신의 매력을 좀 더 현명하게 구축하고 보여줄 수 있습니다.

◉ 좋아하는 것 vs 어울리는 것

따뜻한 이미지와 차가운 이미지는 어떻게 연출할 수 있을까요?
표정만 온화하게 짓는다고 따뜻한 이미지를 만들 수 있을까요? 우선 내면에 갖고 있는 이미지와 자신이 연출해야 하는 이미지의 차이를 좁혀나가야 합니다. 이러한 과정을 이미지 컨설팅이라고 합니다.

보여주고 싶은 이미지를 효과적으로 강조하기 위해서는 우선 자신이 좋아하는 것과 자신에게 어울리는 것을 구분할 줄 알아야 합니다.
한 가지 예를 들어볼까요?

"저희 남편은 줄무늬 타이를 좋아해요. 남편에게 전혀 어울리지 않는데도 말에요. 전 그 줄무늬 타이를 맬 때마다 확 잘라버리고 싶어요!"

유명한 제약회사 이사인 김모씨는 둥글둥글한 얼굴을 보완하기 위해 줄무늬 타이를 맨다고 합니다. 자신이 갖고 있지 않은 부분을 보여주면 부족함을 채울 수 있을 거라는 착각 때문이죠. 하지만 가장 가까운 사람인 아내마저도 어울리지 않는다고 생각한 것처럼, 그의 패션은 보는 사람을 전혀 배려하지 않았던 것입니다.

이미지 컨설팅에서 통일감, 균형감만큼 중요한 요소는 없습니다. 따라서 줄무늬 타이가 어울리는 사람은 신체에 줄무늬 요소, 즉 직선적 요소를 갖고 있어야 하며, 제약회사 이사처럼 신체에 둥근 요소가 많은 사람에게는 같은 느낌의 둥근 문양, 유기적인 곡선이 새겨진 넥타이가 더 잘 어울립니다.

▲ 얼굴이 둥근 사람이 줄무늬 넥타이를 매서 어울리지 않는 모습

▲ 얼굴이 둥근 사람이 같은 느낌이 드는 둥근 문양의 넥타이를 매서 잘 어울린 모습

때로는 자신의 기호를 충족시키는 패셔니스타가 되기보다는 상대방이 나를 어떻게 바라볼 것인지, 주어진 상황에 맞는 이미지 메이킹을 하고 있는지 고려하여 자신의 이미지를 형성하는 것이 현명한 선택임을 기억해야 합니다.

나에게 어울리는 색을 찾아라!

모든 색은 에너지를 갖는다!

2007년 출간된 '시크릿' 관련 서적은 긍정적인 자기암시에 대한 내용으로 큰 열풍을 일으켰습니다. 에너지는 창조되거나 사라지는 것이 아니라 항상 존재하는 것이고, 내가 존재하는 에너지를 어떻게 활용하느냐에 따라서 달라진다는 내용이었죠.

마찬가지로 색 또한 고유의 에너지를 가지고 있습니다. 나에게 어울리는 색은 긍정적인 에너지를, 나에게 어울리지 않는 색은 부정적인 에너지를 줍니다.

모든 사람에게 같은 컬러가 같은 감정 상태와 기분을 보여주는 것은 아닙니다. 2명의 발표자가 어두운 색을 입었다고 생각해 보죠. 한 명은 다른 한 명에 비해 표정과 혈색이 좋다면, 어두운 컬러를 입었더라도 프레젠테이션의 분위기에 많은 영향을 주지는 않을 것입니다. 하지만 표정도 없고 긴장감이 역력해 보이는 발표자가 어두운 색을 입었을 경우, 청중에게 발표자의 심리상태는 그대로 전달될 것이며, 프레젠테이션에 대한 기대감과 신뢰감은 낮아질 것입니다.

사람들은 대개 프레젠테이션을 할 때 주로 검은색이나 짙은 남색, 어두운 색을 입는 경우가 많은데 꼭 그렇게 할 필요는 없습니다. 중요한 것은 자신에게 어울리는 색을 입음으로써 만들어지는 나의 긍정적 에너지를 청중에게도 그대로 전달하여 프레젠테이션을 성공적으로 이끄는 것입니다.

▲ 긍정적 에너지

▲ 부정적 에너지

계절에 따른 육안측정법을 숙지하라!

색은 상대적이기 때문에 주변 환경에 따라 차이가 있을 수 있지만, 크게 따뜻한 색과 차가운 색으로 나누어 볼 수 있습니다. 보통 따뜻한 색은 노란 계열, 차가운 색은 푸른 계열의 색을 의미합니다.

"자연의 사계절 색과 사람이 타고난 신체 색상은 서로 연결되어 있다."

– 요하네스 이텐 –

요하네스 이텐의 말처럼 사람에 따라 어울리는 색을 찾기 위해서는 자신이 가지고 있는 고유한 색인 피부색, 머리카락 색, 눈동자 색을 구분하여 봄, 여름, 가을, 겨울의 4가지 유형으로 분류할 수 있습니다. 봄과 가을은 따뜻한 색이며, 여름과 겨울은 따뜻한 색입니다

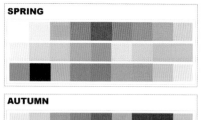

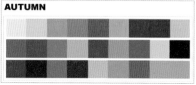

봄은 따뜻한 색 중에서도 선명하고 밝은 느낌의 색으로 발랄하고 생기 있어 보이며 젊은 이미지를 보여줍니다. 반면에 가을은 차분하고 톤이 다운된 느낌으로 지적이고 점잖으며 분위기 있는 이미지를 보여줍니다.

여름은 차가운 색 중 부드러운 파스텔 톤이나 가라앉은 느낌의 색으로 우아하고 세련된 이미지를, 겨울은 차갑고 선명한 색으로 도시적이며 강한 카리스마를 보여줍니다.

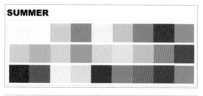

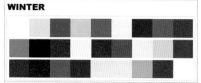

물론 이는 색에 따른 일반적인 이미지를 연상한 것이므로 절대적이지는 않습니다. 하지만 퍼스널 컬러에 따라 자신의 성격과 표정, 성향이 영향을 받게 됩니다. 따라서 따뜻한 색을 좋아하는 사람이 퍼스널 컬러 진단을 받고 차가운 색을 애용하다 보면 이미지도 점차 퍼스널 컬러에 맞춰 변화되기도 합니다.

봄, 여름, 가을, 겨울 색상표를 직접 얼굴에 가까이 대어 보거나 색상이 들어간 천을 이용해 자신에게 어울리는 색을 찾을 수 있습니다.

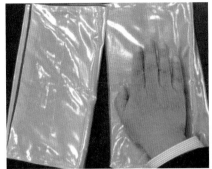

▲ 색상 천을 이용한 퍼스널 컬러 찾기

만약 색상 천이나 색상표가 없다면 자신의 피부색을 이용하면 됩니다. 손바닥이나 손끝을 봤을 때 살굿빛이 나는 사람은 따뜻한 색이 어울리며, 분홍빛이 나는 사람은 차가운 색이 어울립니다. 또한 머리 뒤쪽의 두피를 살펴보았을 때 녹색빛이 돌면 따뜻한 색, 푸른 빛이 돌면 차가운 색이 어울립니다. 손등이나 정수리의 경우, 햇볕에 잘 타기 때문에 원래의 피부색과 달라 어울리는 색을 찾기 어렵습니다.

퍼스널 컬러와는 상관없이 의도적으로 계절 컬러를 사용하여 자신의 이미지를 변화시킬 수도 있습니다. 강한 인상으로 고민하는 사람의 경우 부드럽고 지적인 이미지로 보이기 위해 따뜻한 색인 살구색이나 주황색, 민트 그린색을 입는 것이 좋으며 액세서리 또한 골드빛으로 착용합니다. 메이크업을 할 때도 립스틱이나 아이섀도의 색을 노란 계열이나 붉은 계열로 사용하면 훨씬 더 부드러운 인상을 줄 수 있습니다.

반대로 활동적이며 카리스마 넘치는 이미지를 연출하고 싶다면 대비되는 색상을 잘 활용해야 합니다. 예를 들어 파란 재킷에 흰 셔츠를 입거나 어두운 정장에 붉은 타이를 매면 깔끔하면서도 세련된 느낌을 줍니다.

◉ 여성 이미지 연출 – 봄

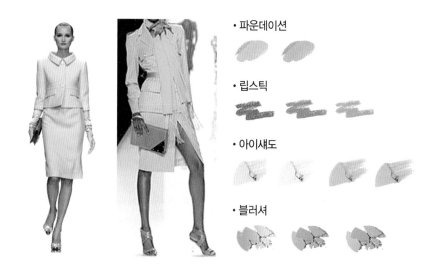

- 파운데이션
- 립스틱
- 아이섀도
- 블러셔

◉ 여성 이미지 연출 – 여름

- 파운데이션
- 립스틱
- 아이섀도
- 블러셔

◉ 여성 이미지 연출 – 가을

- 파운데이션

- 립스틱

- 아이섀도

- 블러셔

◉ 여성 이미지 연출 – 겨울

- 파운데이션

- 립스틱

- 아이섀도

- 블러셔

○ 남성 이미지 연출 – 봄

○ 남성 이미지 연출 – 여름

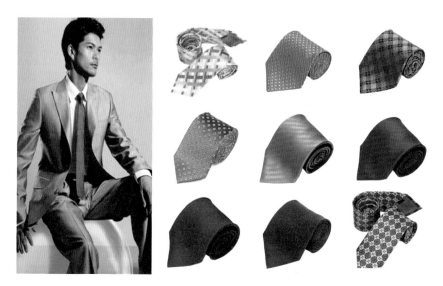

◉ 남성 이미지 연출 – 가을

◉ 남성 이미지 연출 – 겨울

오링 테스트로 자신에게 맞는 색을 찾아라!

오링 테스트는 1970년대 초 전자공학도 출신의 의사 오무라 오시아기가 처음 연구한 '오무라 테스트'로, 손 위에 음식이나 약 등을 올려놓고 그 물건이 자신의 체질에 맞는지 확인하는 검사법입니다. 긍정적인 자극을 받았을 때는 근력이 강해지며, 부정적인 자극을 받았을 때는 근력이 약해지기 때문에 이 때 생기는 근력으로 자신에게 맞는 색을 찾을 수 있습니다.

오링 테스트를 하기 위해서는 테스트를 하는 사람과 받는 사람, 두 명이 필요합니다. 테스트를 받는 사람은 서 있는 것이 좋으며, 왼손에 테스트 하고 싶은 색을 올려놓습니다. 그런 다음 오른손의 엄지와 검지를 모아 붙여 동그란 모양을 만들어 떨어지지 않게 힘을 줍니다.

이 때 테스트를 받는 사람은 눈을 가립니다. 테스트를 받는 사람이 좋아하는 색을 보게 될 경우, 좋아하는 색에 대한 에너지가 발휘될 수 있어 정확한 결과를 얻기 힘들기 때문입니다.

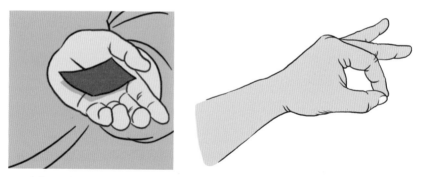

▲ 오링 테스트를 받는 사람의 왼손에는 좋아하는 색을 올려놓고, 오른손은 엄지와 검지를 붙여 둥글게 만듭니다.

동그란 모양을 만든 오른손을 다른
사람이 벌려보세요. 어울리는 색상
을 왼손에 올려놓았을 경우에는 동
그란 모양이 잘 떨어지지 않지만,
어울리지 않는 색을 올려놓으면 동
그란 모양이 쉽게 떨어지는 것을
볼 수 있습니다. 이렇게 떨어지게
하는 힘의 정도를 보아 자신에게
맞는 색을 찾을 수 있습니다.

▲ 퍼스널 컬러를 찾기 위한 오링 테스트

이 때 억지로 손가락을 떼려고 애쓸 필요는 없으며 힘이 느껴질 정도로만 테스
트하면 됩니다.

실제 오링 테스트를 통해 어울리는 색을 찾은 결과를 살펴보겠습니다. 어울리지
않는 색의 타이를 하면 칙칙해 보이지만, 반대로 어울리는 색의 타이를 하면 얼
굴이 작아 보이고 온화해 보입니다.

▲ 어울리지 않는 색의 타이를 했을 때

▲ 어울리는 색의 타이를 했을 때

성공하는 발표자 이미지를 연출하라!

얼굴형에 맞는 헤어스타일을 연출하라!

얼굴형에 따라 어울리는 헤어스타일은 모두 다릅니다.

따라서 자신의 얼굴형이 어떤지 파악하는 것이 중요합니다. 크게 나누어 둥근 얼굴과 긴 얼굴이 있는데, 둥근 얼굴은 감자형, 긴 얼굴은 고구마형이라 하겠습니다.

감자형인 사람은 정수리의 머리카락을 위로 띄워서 시선을 위아래로 분산시켜야 둥근 얼굴을 보완할 수 있습니다. 반대로 고구마형인 사람은 옆머리를 풍성하게 해주어 시선을 양옆으로 분산시켜야 합니다.

감자형인 사람이 옆머리를 풍성하게 하고, 고구마형인 사람이 머리를 위로 띄우면 얼굴의 특징이 더 부각됩니다. 쉽게 말해 자신의 얼굴형과 반대되는 헤어스타일을 찾거나, 강조된 부분을 최대한 커버할 수 있는 헤어스타일을 선택하는 것이 좋습니다.

▲ 감자형 얼굴   ▲ 고구마형 얼굴

나를 돋보이게 하는 내 얼굴이 있다!

사람들은 모두 열려 있는 얼굴이 따로 있습니다.

열려 있는 얼굴이란 오른쪽 얼굴과 왼쪽 얼굴 중에서 더 잘생기고 표정이 좋은 쪽을 말합니다. 즉, 호감의 얼굴이라고도 합니다.

자신의 증명사진을 책상 위에 놓고 얼굴 중앙을 중심으로 절반씩 가려서 비교해 보세요. 어느 쪽이 더 나은가요? 오른쪽보다 왼쪽이 지적이게 보이고 신뢰감이 갑니다. 오른쪽 이미지는 너무 진지합니다. 이처럼 좀 더 잘생기고 표정이 좋은 쪽으로 가르마를 넘기는 겁니다. 이것을 열린 얼굴(오픈 페이스)이라고 합니다.

발표자는 반드시 이마를 보여야 합니다. 가로가 넓은 둥글넙적한 형일 경우 이마를 가려도 얼굴은 작아 보이지 않습니다. 오히려 비율이 망가져 얼굴이 더 넓어 보이는 역효과를 가져오므로 반드시 이마를 가리지 않는 헤어스타일을 해야합니다.

머리카락에 윤기가 있어야 호감을 불러온다!

남성의 경우, 프레젠테이션을 할 때 반드시 왁스나 젤을 발라 머리를 정돈해야합니다. 정장을 입고 왁스나 젤을 바르는 것은 마무리 작업으로 중요합니다. 머리를 정돈하지 않으면, 정장을 입고 운동화를 신은 것이나 다름없습니다. 머리카락이 가늘고 힘이 없을 때는 왁스를 이용하고, 머리카락이 굵고 숱이 많으면 젤을 이용하여 고정시킵니다.

여성의 경우, 어깨를 넘는 긴 머리는 하나로 단정하게 묶는 것이 좋고, 어깨 정도의 길이라면 기장을 적당히 손질하여 드라이로 볼륨감 있게 정리합니다. 짧은 머리는 깔끔하고 세련된 보브컷이 좋고, 특히 광대뼈나 아래턱뼈가 발달한 경우에는 턱 선을 감싸주는 스타일을 하는 것이 좋습니다. 보통 헤어스타일을 연출할 때, 발달된 부분을 조금 가려주는 것도 센스 있는 방법이 되겠죠.

❗ 머리숱이 점점 없어져서 걱정이에요!

1. 머리카락 관리

평소 머리카락 관리가 중요합니다. 탈모 증상이 심해져서 대머리가 되는 경우도 있는데, 대부분 관리를 소홀히 해서 그렇게 된 경우도 많습니다. 머리카락은 스트레스를 받을 때 빠지는 경우가 많기 때문에 머리를 감을 때는 뜨겁거나 차가운 물보다 미지근한 물로 해야 스트레스를 받지 않습니다.

샴푸하기 전에 머리에 물을 적신 후 손끝을 이용해 3분 정도 마사지를 하고, 샴푸액을 두피에 직접 닿게 하지 말고 손으로 거품을 충분히 내어 머리 뒷부분의 아래쪽부터 거품을 묻히는 것이 좋습니다. 그리고 두피 또한 얼굴과 같은 피부이므로 손톱으로 긁으며 머리를 감지 않도록 해야 합니다. 항상 3분 정도 미지근한 물로 충분히 헹구어 내고 린스는 정전기 방지와 선크림 역할을 하므로 꼭 이용하는 것이 좋습니다.

2. 대머리 연출법

머리숱이 이미 많이 없어졌다면 최대한 짧게 자르는 것이 좋습니다. 가장 불쌍한 것은 옆에 있는 머리카락을 길러서 뚜껑을 만드는 것입니다. 최대한 짧게 잘라서 자기의 이미지를 자신 있게 보여주는 것이 좋습니다. 그래도 자신이 없다면 두피를 측정해서 가발을 맞추어 자연스러운 헤어스타일을 연출해야 합니다.

또 다른 방법으로, 자신의 단점을 잠시 없는 듯, 상대의 시선을 다른 쪽으로 유도하는 방법이 있습니다. 얼마 전 이명박 대통령이 뿔테를 착용하고 이 효과를 얻었죠. 사람들은 보이는 부분과 보고 싶어 하는 부분을 집중해서 보게 되어 있습니다. 내 자신이 머리숱도 없고 눈썹도 없고 이목구비도 약하면 사람들은 딱히 강력하게 보이는 것이 없어 하나씩 뜯어보게 됩니다.

머리숱이 없는 사람이 안경에 포인트를 주면, 사람들은 안경으로 인해 형성된 가공의 이목구비에 집중하여 그 사람의 머리 스타일에 집중하지 않습니다. 나의 단점을 커버하기 위한 위장 전략이라고 볼 수 있습니다.

바디 타입을 파악해 바디 라인을 살려라!

바디 타입을 진단하는 방법은 여러 가지가 있습니다.

키나 몸무게와 같이 수치를 쉽게 알 수 있는 몸의 체형 외에 눈썹이 직선인지 곡선인지, 코끝이 날씬한지 뭉툭한지, 머리카락을 올렸을 때 이마 라인이 아치형인지 M자형인지 등 신체 여러 부분을 통해 알아낼 수 있습니다.

예를 들어, 아래턱이 발달되어 턱 선이 강한 경우, 눈을 반쯤 뜨고 봤을 때 직선의 느낌이 납니다. 이런 사람은 줄무늬 있는 타이가 어울립니다. 반대로 곡선 느낌이 나는 사람은 무늬가 없거나 곡선 문양의 타이가 어울립니다.

일반적으로 프레젠테이션에서 발표자는 와인색 타이를 하는 것이 좋습니다. 와인색은 에너지 레벨을 높이는 효과가 있으며, 상대를 제압하는 느낌을 주기 때문입니다. 하지만 일 대 일로 마주하여 협상을 하는 자리에서는 친근한 이미지를 주는 노란색 계열로 이미지를 연출하는 것이 좋습니다. 파란색은 커뮤니케이션에 거리감을 느끼게 하므로 자제하는 것이 좋습니다.

▲ 협상 자리에서는 노란색 계열이, 프레젠테이션에서는 와인색 계열이 좋습니다.

이제부터 간단한 바디 타입 진단 시트를 통해 자신에게 가장 잘 어울리는 이미지 연출법은 무엇인지 알아보겠습니다.

ASSESSING THE BODY

[바디 타입 진단]

Name [성명] :	Gender [성별] : Female [여성] Male [남성]

Personal Color :   Warm(Gold)   V   Cool(Silver)

Height [신장] : Short [작은] Average [평균] Tall [큰]	Bone Structure [골격] : Fine [가는] Medium [중간] Strong [강한]

Face Line [얼굴형] :	Texture [결] : Smooth [매끄러운] Normal [보통] Tough [거친]

Design Area [디자인 면적] :	Somatotype [체형] : Ectomorph [외배엽형] Mesomorph [중배엽형] Endomorph [내배엽형]

	직선	복합	곡선	진단결과
눈썹				직 선 [ ]
눈				
콧망울				복 합 [ ]
코끝				
볼뼈				곡 선 [ ]
입술[웃지 않을 때]				Line Shapes [선 형태] :
입술[웃을 때]				
헤어라인				Straight [직선]
얼굴 옆면				Combination [복합]
턱 / 턱 끝 부분				Curved [곡선]

▲ 출처 : (주)CMK이미지코리아

○ 평균 키 알아보기

옷의 기장을 어떻게 선택하느냐에 따라 키가 커 보일 수도 작아 보일 수도 있습니다. 따라서 옷을 고를 때 자신의 키가 큰 편인지, 작은 편인지 확실하게 인지하고 있어야 합니다.

다음 그림은 (주)CMK이미지코리아에서 우리나라 평균 키를 고려하여 작성한 기준 키입니다. 다음 사항을 참고하여 자신의 키가 Short 범위에 있을 경우 키가 커 보이는 의상을 연출하는 것이 좋으며, Tall 범위에 해당하는 사람은 큰 키를 잘 나타낼 수 있도록 센스 있고 감각 있는 의상 연출법에 집중하는 것이 좋습니다.

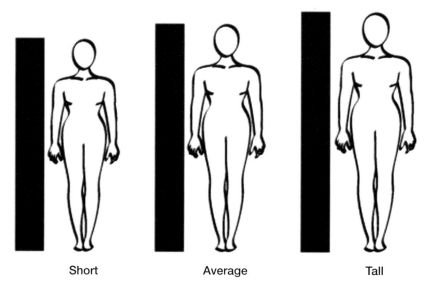

	Short	Average	Tall
	Short	Average	Tall
구분	Short	Average	Tall
여자	< 162cm	162 ~ 165cm	165cm <
남자	< 173cm	173 ~ 177cm	177cm <

◦ 키가 커 보이는 배색법

상의와 하의를 유사한 색으로 입을 때 키가 가장 커 보입니다. 밝고 환한 상의를 입을수록 키가 커 보이는 효과가 있다는 사실을 꼭 기억해 두세요.

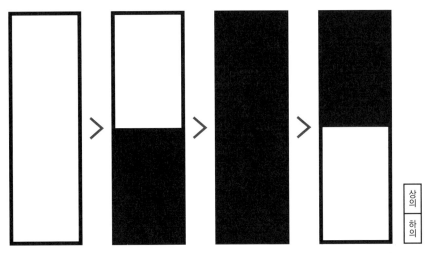

▲ 왼쪽으로 갈수록 키가 커 보이게 합니다.

◦ 상의와 하의를 동일한 색 & 유사색으로 매치한 경우

196

◎ 상의를 하의보다 밝게 매치한 경우

◎ 상의를 하의보다 어둡게 매치한 경우

● 골격에 맞는 액세서리와 무늬

사람의 골격은 Fine, Medium, Strong으로 구분할 수 있습니다. Fine 골격을 대표하는 연예인으로는 오연수 씨, Medium 골격은 이영애 씨, Storng 골격은 아나운서 백지연 씨와 김혜수 씨를 예로 들 수 있습니다. 가느다란 골격의 Fine 골격은 얇고 가벼운 형태의 액세서리를, Strong 골격은 굵고 힘 있는 액세서리를 착용하는 것이 좋습니다.

보통 Fine 골격의 경우 얼굴 면적 또한 넓지 않아 선으로 이루어진 링 귀걸이가 어울리며, Strong 골격은 얼굴 면적이 면 위주인 경우가 많기 때문에 커다랗고 평편한 귀걸이가 어울립니다.

▲ Fine 골격에 어울리는 액세서리

▲ Strong 골격에 어울리는 액세서리

무늬를 선택할 때도 자신의 골격에 맞게 선택하는 것이 좋습니다. Fine 골격은 대비가 약한 무늬가 좋고, Strong 골격은 대비가 강한 무늬가 좋습니다. 예를 들어 눈썹이 부드러운 Fine 골격은 얇은 줄무늬 타이가 어울리며, 눈썹이 진한 Strong 골격은 두꺼운 줄무늬 타이를 입는 것이 좋습니다.

▲ Fine 골격에 어울리는 타이

▲ Strong 골격에 어울리는 타이

◉ 피부에 따른 의류 소재 선택

피부에 트러블이 많은 경우 거친 소재의 옷을 입는 것이 좋으며, 매끄러운 피부의 경우 부드러운 소재의 옷을 입는 것이 좋습니다. 예를 들어, 유도 선수 추성훈 씨나 탤런트 김혜숙 씨의 경우 거친 소재의 옷이 어울리며, 이영애 씨나 권상우 씨의 경우 매끄러운 소재의 옷이 잘 어울립니다.

◉ 체형에 따른 패턴 선택

체형을 측정하는 방법은 자신의 키에 비해 상반신, 즉 가슴 부분이 큰지 작은지를 판단하는 것입니다. 상반신이 키보다 작다면 외배엽 체형이며, 크다면 내배엽 체형입니다.

외배엽형(Ectomorph)
꼿꼿하고 가는 체형으로 깡마른 사람이 많으며, 골격은 튀어나온 편입니다.

중배엽형(Mesomorph)
평균 몸매와 근육을 가지고 있으며, 상반신이 키 및 골격과 비율이 잘 맞습니다.

내배엽형(Endomorph)
탄탄한 체격으로 어깨가 넓은 편이며, 키에서 상반신이 차지하는 비율이 높은 편입니다.

가느다란 체형의 외배엽형은 작고 조밀한 패턴을 선택하는 것이 좋으며, 민무늬 패턴은 끝과 끝의 단면을 다 보여주므로 체격을 커 보이게 연출할 수 있습니다.

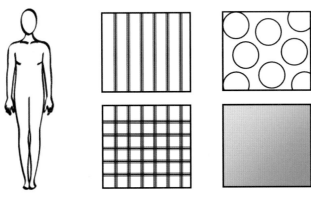

▲ 외배엽형에 어울리는 패턴

반대로 내배엽형의 경우 패턴의 크기와 간격도 크게 선택해야 날씬해 보입니다. 폭이 좁은 가로무늬 옷도 큰 상반신을 축소시켜 보이게 합니다.

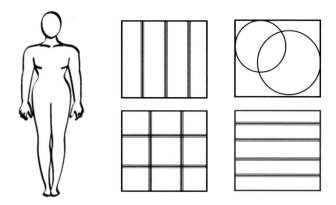

▲ 내배엽형에 어울리는 패턴

비즈니스 캐주얼을 연구하라!

상의와 하의의 소재와 색이 짙은 경우 비즈니스 정장이라 말하며, 그 외의 모든 경우를 비즈니스 캐주얼이라고 합니다. 정장 느낌에 가까운 비즈니스 캐주얼은 프로페셔널이라 하고, 캐주얼에 가까운 비즈니스 캐주얼은 프로페셔널 캐주얼 이라 부릅니다.

◉ 프로페셔널

정장을 입기에는 너무 무겁지만, 격식을 갖춰야 하는 자리 에는 프로페셔널 스타일을 입는 것이 좋습니다.
정장과 비슷한 울 소재로 된 옷을 선택하고, 셔츠는 반드시 입습니다. 단, 타이는 꼭 하지 않아도 되지만 정중한 느낌 또는 감각적인 연출을 하고 싶을 때는 포켓 치프를 활용하 는 것이 좋습니다.

전체적으로 구김 없는 모습으로 정장보다 젊은 감각을 연출 할 수 있어 요즘 발표자들이 선호하는 패션입니다.

● 프로페셔널 캐주얼

젊은 감각과 새로운 아이디어를 요구하는 자리일 때 프로페셔널 캐주얼 스타일을 권합니다. 스티브 잡스가 입었던 청바지와 터틀 넥 티셔츠는 프로페셔널 캐주얼에 속합니다. 양쪽 소매를 걷어 올리고, 타이를 매지 않는 것만으로도 청중의 마음을 가볍게 해 줄 수 있습니다.

ⓘ 비즈니스 캐주얼 이렇게 입으세요!

앞서 익힌 의상 연출법에 따라 상의와 하의 배색을 고려하여 길어 보이고 싶은 곳에 밝은 색 옷을 입습니다. 하의보다 상의를 밝게 하면 어깨선이 상승되어 보여 키가 커 보이며, 전체적으로 늘씬하게 보이고 싶다면, 상의와 하의를 비슷한 색으로 입습니다. 또한 체형이 큰 사람은 큰 패턴을, 작은 사람은 조밀한 패턴의 옷을 선택하세요.

양복의 경우 라펠의 유형에 따라 키가 커 보이게 연출할 수 있습니다. 피크드 라펠의 경우 시선이 위에 머물러 키가 커 보이게 하므로 키가 작은 사람이 입는 것이 좋습니다. 키가 큰 사람은 노치드 라펠의 옷을 입어 시선이 아래쪽에 머무를 수 있도록 안정된 느낌을 주는 것이 좋습니다.

▲ 피크드 라펠

▲ 노치드 라펠

멋진 발표자가 되기 위한 Q & A

Q 어떻게 해서 이미지 컨설팅을 시작하게 되셨나요?

A 어느새 이미지 컨설팅 강의를 시작한 지 22년이 되어 가네요. 컨설팅 일을 하기 전에는 뷰티 패션 분야에서 근무했습니다. 그때는 주로 VIP 고객을 대상으로 세미나를 진행했기 때문에, 그분들에게 항상 새로운 정보를 제공해야만 했어요. 그래서 자연스럽게 빠른 시간 내에 가장 강력하게 이미지를 변화시킬 수 있는 분야가 어떤 것일까 고민하게 되었죠. 정답은 시청각적인 요소를 가미한 이미지 컨설팅이었고 점차 그 분야에 관심을 갖다 보니 이미지 관련 회사도 설립하게 되었습니다.

Q 이미지 컨설팅이란 한마디로 뭐라고 할 수 있나요?

A 이미지 컨설팅은 '나의 이상향'을 찾아가는 길이라고 할 수 있어요.

이미지 컨설팅은 현재의 나를 진단하고 '되고 싶은 나, 되어야 할 나'의 차이를 좁혀주는 프로그램이에요. 정운찬 총리님의 컨설팅을 통해 더욱 느낄 수 있었는데요. 당시 컨설팅을 의전 속에 진행해야 했기 때문에 "당신 이렇게 고쳐야겠네요"라고 말씀 드릴 수가 없었어요. 그래서 "주위 분들이 총리님의 이미지를 어떻게 말씀하시고 계십니까?"라고 여쭤보았죠. 그런데 오히려 총리님이 먼저 자신의 이미지에 대한 고민을 편안하게 말씀해 주시는 거예요. 그래서 총리님이 되고자 하는 이미지를 알 수 있었고, 효율적인 컨설팅을 진행할 수 있었습니다. 이처럼 컨설팅 받는 대상자는 자신의 심정을 솔직히 이야기하고, 자신의 이미지 변화에 대한 컨설턴트의 이야기에 귀를 기울일 때 효율적인 컨설팅이 이루어집니다. 그리고 자신의 이상향을 찾아갈 수 있게 이끌어주죠

Q 사람들과 좋은 관계를 맺으려면 어떻게 해야 하나요?

A 자신이 보여주고 싶은 이미지를 효과적으로 강조하세요!

사람들과 좋은 관계를 맺기 위해서는 '나'를 나답게 보여주어야 합니다. 그러기

위해서는 시청각 요소를 효과적으로 사용하는 것이 좋습니다. 앞에서 배운 대로 오링 테스트를 통해 나에게 어울리는 컬러를 찾아내는 것도 하나의 방법이죠.

Q 성공하는 프레젠테이션을 위해 필요한 것은 무엇인가요?

A 청중의 눈높이에 맞는 스피치, 아이덴티티가 묻어나는 자료를 준비하세요.

성공하는 프레젠테이션을 하려면 가장 기본적인 것에 충실해야 해요. 즉, 청중의 눈높이에 맞게 준비해야 한다는 것이지요. 청중의 성별, 연령, 학력, 직업군, 지역적인 특색에 맞도록 프레젠테이션을 준비해야 합니다.

저는 현장에서 최대한 실습 위주로 교육하는 것을 추구하기 때문에, 파워포인트는 제가 하는 말의 내용을 실습으로 보여주지 못할 때만 사용해요. 이때는 꼭 제가 직접 제작한 저만의 동영상을 사용하여 자료를 제작합니다. 직접 제작하지 않은 동영상을 사용하면 청중에게 신뢰감을 잃게 되기 때문이죠. 성공하는 프레젠테이션을 위해 이 정도의 노력은 반드시 이루어져야 한다고 생각해요.

Q 취업준비생에게 필요한 이미지 연출법을 알려주세요.

A 면접에서는 친절함, 지적인 이미지, 신뢰감이 묻어나는 옷차림으로 연출하세요!

자신을 돋보이게 하고 싶다면 노랑이나 베이지 컬러 옷차림을 하고, 반드시 이마를 보이는 헤어스타일로 면접관에게 자신감을 보여주세요. 남성은 젤과 왁스로 젊고 활기찬 모습을 보여주고, 여성은 검은색 정장을 입되 스카프로 여성스러움과 감각 있음을 연출하는 것이 좋아요. 귀걸이는 귀에 부착되는 것을 하되, 액세서리는 최소화하는 것이 좋답니다.

또한 면접자가 지원하는 업무 분야마다 적합한 옷차림을 해야 합니다. 전자통신 분야는 청색 계열의 지적인 머리형 이미지로, 건설중공업 분야는 중립적인 회색 계열로, 유통·패션뷰티 분야는 분홍이나 보라를 이용하여 감성적인 이미지를 연출해야 하죠.

카리스마가
살아 있어야
프레젠테이션에서
성공한다!

 (주)예라고 대표이사, 허은아

국내 최초 이미지 전략가이자 비언어 커뮤니케이션(Nonverbal Communication) 전문가로 현재
(주)예라고 대표이사를 맡고 있다. MBC '희망특강 파랑새'와 한국경제 TV '행복한 성공예감'의
강사와 MC로 출연한 바 있으며, AICI KOREA(국제이미지컨설턴트 한국협회) 회장, 한국이미지
연구소 소장, 서울여자대학교 경영학과 겸임교수, 국무총리실과 대검찰청 자문위원으로 활동
중이다. 저서로는 《인맥을 디자인하라》, 《감성을 충전하라》, 《눈치코치 직장매너》 등이 있다.

- 홈페이지 www.yerago.co.kr   · 이메일 ceo@yerago.co.kr
- 트위터 @yerago

내가 생각하는 최고의 발표자는?

청중을 배려하는 발표자, 오프라 윈프리

오프라 윈프리는 1986년 10월부터 2011년 5월까지 전미 TV 토크쇼 1위를 고수한 '오프라 윈프리 쇼'의 진행자이자 미국인들이 가장 좋아하는 TV 방송인입니다.

오프라 윈프리는 사생아로 태어나 아홉 살 때 사촌에게 성폭행을 당하고 마약에 빠지는 등 불우한 어린 시절을 보냈다고 합니다. 하지만 지금은 잡지, 케이블 TV, 인터넷까지 거느린 하포(Harpo) 주식회사의 회장이 되었습니다.

힘들었던 어린 시절을 겪었으면서도 미국 내 여성 최고 자산가로 성공할 수 있었던 비결은 무엇일까요? 뛰어난 외모와 수려한 말솜씨를 지닌 것도 아닌 그녀에게 미국인들이 열광하는 이유는 무엇일까요?

오프라 윈프리는 상대방을 이해하고 배려하는 소통의 마음을 지녔습니다. 그녀는 자신의 아픈 과거에 대해 숨기려 하지 않고 진솔하게 고백했으며, 토크쇼를 통해 다른 사람들의 아픔과 고민, 걱정도 가슴으로 들어주었습니다.

오프라 윈프리가 오바마 대통령의 대선 캠프 연설 단상에 올랐을 때, 많은 미국 시민들이 그녀의 말 한 마디 한 마디에 귀를 기울였고, 결국 오바마를 대통령에 당선될 수 있게 하는 데 큰 힘이 되었습니다.

발표는 혼자만의 쇼가 아니기 때문에 발표자가 원하는 대로 진행할 수는 없습니다. 청중과 함께할 수 있는 분위기를 만들어야 하고, 청중으로부터 동의를 구할 수 있어야 합니다. 청중으로부터 진심어린 박수를 받았을 때 비로소 발표를 성공적으로 마무리 짓게 됩니다. 즉, 발표자는 언제나 청중을 먼저 생각하고 준비해야 합니다. 자신이 하고 싶은 말을 무조건 내뱉기보다는 청중이 원하는 것을 들어줄 수 있는 자세를 갖춰야 합니다.

발표자의 자신감, 카리스마를 보여줘라!

외향적인 몸짓언어를 사용하라!

미국의 사회심리학자 앨버트 메라비언은 시각과 청각이 사람의 이미지를 결정하는 가장 큰 요소라고 주장합니다. 특히 시각적 요소는 이미지를 결정짓는 요소 중 55% 이상을 차지하고, 그 중에서도 몸짓언어의 사용은 84%를 차지한다는 것입니다.

그렇다면 몸짓언어를 어떻게 사용해야 청중에게 긍정적인 이미지를 줄 수 있을까요? 그것은 바로 외향적인 몸짓을 하는 것, 즉 몸의 안쪽이 아닌 바깥쪽으로 움직이는 것입니다.

예를 들어, 손은 안쪽보다는 최대한 바깥쪽으로, 아래쪽보다는 위쪽으로 움직이는 것이지요. 이러한 외향적인 몸짓은 청중에게 발표자의 자신감을 보여줄 수 있어 카리스마를 느끼게 합니다.

▲ 자신감 넘치는 발표자

▲ 소심한 발표자

발표할 때 손을 전혀 움직이지 않거나 쭈뼛거리며 손을 몸의 안쪽으로 모으는 사람은 카리스마가 부족한 사람처럼 보일 수 있으며 청중에게 '나 떨고 있어요!'라고 말하는 것과 같습니다.

이제부터 카리스마를 느끼게 하는 몸짓언어를 익히기 위해 KISS 단계를 훈련하는 방법에 대해 배워보겠습니다.

KISS 몸짓언어를 파악하라!

K는 Knowledge of Body language의 줄임말로 몸짓언어에 대한 지식을 의미합니다. 몸짓언어에 대한 지식은 크게 3가지로 요약할 수 있습니다.

몸짓언어는 복합적이다!

단 하나의 동작만으로는 한 사람의 상황을 전부 이해할 수 없습니다. 팔짱을 끼거나 주머니에 손을 넣었다고 해서 건방지거나 불만이 있는 사람으로 판단해서는 안 됩니다. 여러 몸짓언어가 동시에 이루어지는 복합적 상황에서 사람의 상태를 파악해야 합니다.

프레젠테이션을 할 때 가장 중요한 것은 청중의 몸짓언어를 살펴보는 것입니다. 나의 프레젠테이션이 성공적인가, 그렇지 않은가를 판단하려면 자신의 발표를 지켜보고 있는 중심인물, 즉 청중의 몸짓언어를 관찰해 보는 것이 좋습니다.

앞에서 말한 바와 같이 몸짓언어는 복합적 요인으로 발생하기 때문에 발표를 하는 도중에 청중이 몸을 조금 움직인다고 해서 발표가 지루하거나 재미없다고 판단해서는 안 됩니다.

동작 하나만으로 쉽게 판단하면 안 되죠!

▲ 주머니에 손을 넣었다고 해서 건방진 사람이라 생각하면 안 됩니다.

말과 행동을 일치시켜라!

결혼생활을 시작한 지 얼마 되지 않은 젊은 남성이 침울한 표정으로 결혼반지를 만지작거리면서 "결혼을 해서 정말 행복해요!"라고 말한다면 어떤 생각이 드나요? 왠지 거짓말을 하고 있는 것처럼 느껴지지 않나요?

결혼을 해서 정말 행복해요! 진실 or 거짓

207

마찬가지로 프레젠테이션을 할 때 청중이 비록 "당신이 최고다!" 라는 말을 했더라도, 발표 내내 몸을 뒤로 젖히거나 다른 곳을 바라봤다면 인사치레로 하는 말일 가능성이 큰 것이죠.

그렇다면 청중의 진심을 확인하는 방법은 무엇일까요?
바로 청중의 발끝을 확인하는 것입니다. 머리에서 가까운 곳은 숨기기가 쉬운 반면, 다리나 발처럼 머리에서 먼 곳일수록 거짓말을 하기 어렵습니다. 따라서 여러분의 발표가 청중을 설득시킬 수 있을 만큼 임팩트 있는지 확인하고 싶다면 청중의 발끝이 발표자를 향해 있는지 살펴보면 됩니다.

상황 안에서 몸짓언어를 읽어내라!

한 여성이 화장실이 너무 급한 나머지 몸을 비비꼬면서 움츠리고 있습니다. 만약 남성이 여성의 이런 모습을 보고 '저 여자가 날 좋아하나 보다.' 하고 생각한다면 여성의 몸짓언어를 잘못 해석한 것입니다.

마찬가지로 프레젠테이션을 할 때 청중이 하품을 한다고 해서 단순히 발표 내용이 지루하기 때문이라고 판단해서는 안 됩니다. 어젯밤에 잠을 제대로 자지 못했기 때문일 수도 있으니까요. 단지 하품하는 몸짓 하나만으로 상황을 판단해서는 안 됩니다.

KISS 친밀감을 형성하라!

I는 Intimacy의 줄임말로 친밀감을 뜻하며, 몸짓언어를 왜 사용해야 하는지에 대한 답이 됩니다. 누군가를 만났을 때 왠지 모르게 편안하거나 즐겁다면 서로 동질감(라포)을 느꼈기 때문입니다. 서로 동질감을 느끼기 위해서는 감성적으로 소통할 수 있어야 하는데 감성은 말보다는 몸짓언어를 통해 효과적으로 전달됩니다.

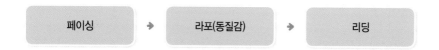

동질감(라포)을 형성하기 위해서는 기본적으로 상대방의 시각, 청각, 체각 등에 보조를 맞추며 일치감을 느끼게 해주어야 합니다. 호흡이나 동작, 음조를 같게 하여 상대방도 모르는 사이에 '어, 우리 왠지 친한 것 같아.'라고 생각하게 해주는 것입니다.

이렇게 형성된 동질감(라포)은 상대방과 나와의 관계를 좀 더 나은 방향으로 만들기 위해 자신의 의도대로 이끌어갈 수 있는 리딩의 상태로 발전하게 됩니다. 상대방과 비슷한 유형의 성질을 보여주는 것에는 일치하기, 교차 반영하기, 반영하기가 있습니다.

일치하기

일치하기는 상대방과 똑같은 자세, 몸짓, 동작을 취하는 것을 말합니다. 예를 들어, 상대방이 오른손을 들면 나도 오른손을 들고, 상대방이 손으로 머리를 만지면 나도 손으로 머리를 만지는 것처럼 말이죠. 이는 자신의 행동에 상대방이 말과 음성, 분위기, 신체적 반응을 일치시키게 하는것으로, 이렇게 하면 상대방의 신념과 가치관을 존중하면서 커뮤니케이션을 하게 됩니다. 이렇듯 일치하기는 상대방에게 친밀감을 느끼게 해주기 때문에 청중의 취향에 따라 성공과 실패가 결정되는 경쟁 프레젠테이션에서 활용하는 것이 좋습니다.

209

교차 반영하기

교차 반영하기는 상대방의 신체 움직임에 맞추되 그와는 다른 신체 부위나 수단을 사용하는 것을 말합니다. 예를 들어, 상대방이 일정한 리듬에 따라 발장단을 두드릴 때 나는 손으로 책상을 치는 것이죠. 이는 상대방의 행동을 따라하고 싶은데 행동의 특성상 따라하지 못할 때 일어나는 몸짓언어로, 상대방이 귀를 계속 만지작거리는 습관을 따라할 수 없다면 그와 비슷하게 손으로 얼굴를 만지는 움직임을 보여주면 됩니다.

반영하기

반영하기는 상대방의 자세와 동작을 거울에 비친 내 모습처럼 따라하는 것을 말합니다. 예를 들어, 상대방이 오른손을 들면 나는 왼손을 들고, 상대방이 고개를 오른쪽으로 기울이면 나는 왼쪽으로 고개를 기울입니다. 이렇게 하면 상대방의 움직임이 마치 거울에 비친 자신의 모습을 보는 것 같아 친근감을 느끼게 합니다. 따라서 사랑하는 연인과 데이트를 할 때 반영하기를 활용하면 연인과의 관계에 도움을 줄 수 있습니다.

> **! 남자와 여자의 시야에는 차이가 있다!**
>
> 남성은 시야가 좁기 때문에 예쁜 여자를 보면 위에서 아래까지 훑어보게 됩니다. 한번에 쭉 다 보고 싶은데 아래까지 보이지 않기 때문이죠. 어찌 보면 남성이 훑어보는 것은 자연스러운 행동이지만 이를 이해하지 못하는 여성들에게는 '저 남자는 엉큼하다'라는 인식을 심어주게 됩니다.

KISS 미소와 눈빛으로 여유를 가져라!

S는 Smile(미소), Sight(시선), Space(공간분배) 세 가지를 의미합니다. 만약 발표장에서 청중에게 여유로움을 보여주고 싶다면 미소를 약간 지어주는 것이 좋습니다. 미소는 자신감, 즉 카리스마를 나타내기 때문입니다.

시선처리와 공간분배

발표자의 눈빛을 보면 발표자가 프레젠테이션을 즐기고 있는지 아닌지 알 수 있습니다. 따라서 프레젠테이션에서는 청중을 향한 시선처리와 공간분배가 중요한 것이죠.

일 대 일 프레젠테이션에서 신뢰감을 줘야 한다면 상대방의 눈과 이마를 집중적으로 바라보는 것이 좋습니다. 눈을 바라볼 때 시선을 아래로 하면 건방지다는 오해를 받을 수 있으므로 주의해야 합니다. 상대방의 눈동자를 보면서 이야기하거나 눈높이를 약간 높게 하면 강한 카리스마를 느끼게 할 수 있습니다.

일 대 다수의 프레젠테이션에서는 청중을 한 명 한 명 바라보기 힘들기 때문에 크게 A, B, C 세 그룹으로 나누어 5초 또는 10초 이상 바라보려고 노력해야 합니다. 좀 더 적극적으로 보고 싶으면 손짓과 함께 청중을 바라보면 됩니다. 이 때 고개만 향하지 말고 몸을 앞쪽으로 기울

이는 것이 좋습니다. 만약 발표자를 보며 웃는 사람이 있다면 그 사람을 보면서 살짝 웃어주고 넘어가세요.

KISS 히틀러의 손을 가져라!

S는 Significant part-Hands and legs를 의미합니다. 프레젠테이션을 할 때 손동작을 잘 활용하면 효과적이라는 뜻이죠. 다만 뭔가를 가리킬 때 손가락으로 표현하면 부정적인 이미지를 주게 되므로 손바닥을 펼쳐 보이는 것이 좋습니다.

카리스마 있는 사람들의 손동작을 벤치마킹 하라!

히틀러는 연설에서 자신을 돋보이게 하기 위해 음향효과와 화려한 조명 그리고 몸짓언어를 사용했습니다. 그 중에서도 손동작을 효과적으로 사용했죠.

오른손은 위로 올리고, 왼손은 가슴에 얹고 구호를 외치던 모습을 떠올려 보세요. 히틀러뿐만 아니라 대통령이 국민에게 진심을 전할 때 가슴을 손에 얹거나 연단을 꼭 잡고 몸을 앞으로 내밀어 이야기하곤 하죠.

벤치마킹하는 방법은 어렵지 않지만 노력이 필요합니다. 손동작이 인상 깊었던 사람들의 모습을 카메라에 담아 반복해서 연습하면서 자신의 몸짓언어로 길들여야 합니다.

멋진 발표자가 되기 위한 Q & A

Q 왜 말보다 몸짓언어가 효과적인가요?

A 발표자에 대한 신뢰감을 결정짓는 가장 중요한 요소는 비언어적 커뮤니케이션 입니다.

말을 못 하는 아기도 표정만으로 사람의 마음을 움직이는 깃처럼 몸짓, 배려, 의상 등의 비언어적 커뮤니케이션은 사람의 분위기를 결정짓는 모든 것을 의미합니다. 특히 발표자의 몸짓언어는 발표자의 첫인상을 결정짓는 매우 중요한 역할을 합니다. 말로는 얼마든지 과장되고 허황되게 이야기할 수는 있어도 몸짓언어는 거짓말을 하기 힘들기 때문이죠.

Q 프레젠테이션을 할 때 가장 좋은 자세는 무엇인가요?

A 긍정적인 몸짓언어를 사용하세요.

아무리 휘황찬란하게 만든 파워포인트를 준비했다고 하더라도 발표자의 어두운 표정과 소심한 몸짓으로는 청중의 마음을 사로잡을 수 없습니다.

긍정적인 몸짓언어를 사용하기 위해서는 우선 밝은 얼굴 표정과 발표자의 열린 마음을 보여줄 수 있는 몸짓이 필요합니다. 청중이 발표자에게 보내는 시선을 놓치지 않고 부드러운 미소로 답해주는 것이 좋으며, 뻣뻣하게 서 있기보다는 청중에게 다가가려는 듯한 몸짓을 보여주는 것이 좋습니다. 또한 발표자의 열린 마음을 표현하기 위해 손바닥을 내보이는 것도 긍정적인 몸짓언어라 할 수 있습니다.

Q 언어적 커뮤니케이션과 비언어적 커뮤니케이션을 어떻게 사용해야 할까요?

A 강약을 조율할 줄 알아야 합니다.

발표자의 목소리나 억양이 부드럽다면 몸짓언어를 강렬하게 하는 것이 좋습니다. 청중을 향해 강한 눈빛을 보내거나 손을 부지런히 움직이고, 비교적 큰 몸짓을 하는 것이 좋습니다. 반대로 강한 어조의 발표자라면 몸짓은 조금 소극적으로 표현할 필요가 있습니다.

Global Presentation

영어
프레젠테이션

영어
프레젠테이션,
누구나
할 수 있다!

 영어 프레젠테이션 전문가, 이지윤

UBC(University of British Columbia) 정치학과 국제교류학 학사, 리버풀 대학 국제경영학 석사 출신인 이지윤 강사는 EBS '운이 트이는 영어' 및 EBS e-TV 진행자로 활동했으며, 현재 《주간동아》에 '영어 이제는 Writing이다', '미드로 배우는 오피스 영어', '미드로 영어 고수되기' 등을 연재하고 있다. 또한 국내 다수 대학의 취업특강을 비롯하여 국·내외 기업의 영어 프레젠테이션 및 스피치, 글로벌 매너 강사로 활동하고 있으며 《영어 프레젠테이션 무작정 따라하기》를 집필했다.

• 홈페이지 **www.enguse.com**
• 페이스북 **enguse**
• 이메일 **julesleego@gmail.com**
• 트위터 **@julesblab**

 이지윤.wmv

내가 생각하는 최고의 발표자는?

국내 최고의 인터뷰 진행자, 손석희 교수

손석희 교수는 대한민국에서 가장 영향력 있는 언론인이자, 대학생이 가장 닮고 싶어 하는 인물입니다. 그는 톡톡 튀는 목소리와 화려한 외모를 가지고 있진 않지만, 언제나 안정된 목소리 톤과 논리 정연한 언변으로 사람들에게 신뢰감을 줍니다.

손석희 교수는 오랜 기간 동안 라디오 진행을 하면서 이 시대의 눈과 귀가 되어주고 있으며, 청취자들은 그의 입을 통해 다양한 물음에 대한 답을 얻고 있습니다. 하지만 그는 청취자들의 의견을 대변한다고 해서 수많은 말을 쏟아내지는 않습니다. 그의 라디오 프로그램을 들어본 청취자라면 누구나 느꼈을 것입니다. 오히려 말을 아끼며 상대방의 이야기를 들어주고 그 내용을 깔끔하게 정리하곤 합니다.

▲ 출처 : MBC 라디오 '손석희 시선집중'

비록 손석희 교수가 "나는 원래 말을 잘하지 못해서 말을 적게 하려고 노력한다."고 말하고는 있지만 그가 말을 잘하지 못했다면 듣는 것도 잘하지 못했을 것입니다. 상대방이 말하고자 하는 포인트가 무엇인지 정확하게 집어낼 줄 아는 능력, 그것이 바로 손석희 교수가 최고의 인터뷰 진행자가 될 수 있었던 비결인 것입니다.

또한 손석희 교수는 사회의 다양한 계층을 만나면서 때로는 권력을 비판하고, 때로는 한없이 부드러운 감성으로 접근하여 목소리 큰 사람이 이겼던 우리나라 토론 문화의 수준을 올려놓았습니다.

프레젠테이션 장소에서 청중의 눈에 잘 띄기 위해 이제 더 이상 요란한 옷차림을 하거나 억지스러운 말장난을 하지 마세요. 손석희 교수의 스타일을 배워보세요. 그는 멋진 양복을 고르는 데 시간을 보내기보다는 전달하고자 하는 내용을 정확하게 이해하는 데 더 많은 시간을 투자할 것입니다. 손석희 교수의 청중을 편안하게 하는 힘, 그것은 바로 내가 말하고자 하는 바를 누구보다도 잘 알고 있을 때 발현되기 때문입니다.

청중을 위한 영어 프레젠테이션을 준비하라!

영어 프레젠테이션을 위한 필수 요소

영어 프레젠테이션을 할 때 가장 중요한 요소는 무엇일까요? 영어 실력? 발표자의 인지도? 엄청난 양의 자료 조사?

모두 아닙니다. 바로 청중 앞에서 당당한 자신감입니다.

영어 실력 No!
지나친 자료 No!
원맨쇼 No!

한국어 발표에서는 자신감이 넘치던 분들도 영어 프레젠테이션을 할 때는 무대 위에 올라가기 전부터 떨거나, 올라가서도 준비한 원고만 달달달 읽기만 하는 경우가 많습니다.

도대체 왜 그런 걸까요? 스스로 영어 실력이 형편없다고 단정하고 주눅 들어 자신감이 결여되었기 때문입니다. 또한 부족한 영어 실력을 보충하기 위해 엄청난 양의 자료를 제시하기도 하는데, 이렇게 하면 자료에만 관심이 집중되어 정작 발표자와 청중은 교감할 기회를 잃어버리게 됩니다.

우리가 열광하는 스티브 잡스도 스탠포드 대학교 졸업식에서 고개를 숙인 채 연설문을 읽는 소심한 태도를 보였습니다. 스티브 잡스가 영어를 못해서 그랬을까요? 자유로운 발표를 추구하던 그였기에 딱딱한 분위기의 보수적인 발표 자리에는 어색했기 때문이죠.

누구나 낯선 자리에는 긴장하기 마련입니다. 콩글리시라도 좋습니다. 청중에게 명확한 내용을 전달하는 데 지장만 없다면 어법에 맞지 않아도, 정확한 단어를 사용하지 못해도 괜찮습니다. 아무리 영어 실력이 뛰어난 발표자라도 프레젠테이션의 목적에 맞게 내용을 선별하고 논리적인 구조로 대본을 준비하지 못한다면 효과적인 발표를 할 수 없기 때문입니다.

청중의 문화적 차이를 이해하라!

경영학자 톰 피터스가 "보이는 것이 곧 진실이다."라고 말한 것처럼, 발표자가 보고 느끼는 것은 청중도 똑같이 보고 느낍니다. 또한 눈은 귀보다 더 정확한 목격자이기 때문에 발표자는 언제나 청중 앞에서 당당한 태도를 유지해야 합니다.

가슴을 활짝 펴고 미소를 지어보일까요? 청중을 향해 손가락을 내저어 볼까요? 이 때 우리는 영어 프레젠테이션을 준비하고 있다는 사실을 잊어서는 안 됩니다. 우리나라에서는 거만하고 버릇없는 모습도 다른 나라 사람들에게는 당당해 보일 수 있습니다.

제스처에 대한 동양과 서양의 다른 의미

제스처의 의미에 대한 동양과 서양의 차이에 대해 살펴보겠습니다.

빌 게이츠는 프레젠테이션 도중 양 손을 자주 모읍니다. 서양에서 발표자의 이런 동작은 청중에게는 매우 진솔한 모습으로 비춰집니다. 하지만 동양에서는 매우 소심한 발표자로 보이게 하죠.

또한 주머니에 손을 넣는 행동도 서양에서는 편안한 제스처이지만 동양에서는 어색하고 건방져 보일 수 있습니다. 자신이 좋아하는 발표자가 하는 행동을 무조건 따라 해서는 안 됩니다. 청중의 문화에 따라 적절한 제스처를 취할 수 있어야 합니다.

서양에서는 발표자가 자연스러운 전개를 유도하는 방법으로 고개를 숙이고 걸어가곤 합니다. 이 동작에 익숙하지 않은 동양 사람이 영어 프레젠테이션을 할 때 어설프게 흉내 내려고 하면 오히려 경직된 상태에서 걷게 되어 청중은 발표자가 할 말을 잊어 서성대는 것으로 오해할 수도 있습니다.

이와 마찬가지로 인도에서 발표자가 뒷짐을 지는 모습은 상대방에 대한 복종의 의미를 내포합니다. 하지만 서양 사람들 눈에는 매우 어색하고 건방져 보일 수 있습니다.

손가락 세 개를 해석하는 방법도 나라마다 다릅니다. 손가락 세 개는 보통 숫자 3을 의미하지만 한국, 일본, 중국에서는 돈을 뜻하기도 합니다. 하지만 미국에

서는 오케이라는 뜻으로, 프랑스에서는 0이
라는 뜻으로 쓰입니다. 브라질과 남미에서는
외설적인 메시지를 의미하기 때문에 절대로
사용해서는 안 됩니다.

손짓과 같은 작은 행동이 별 거 아닌 것 같
지만 문화마다 다른 의미가 있기 때문에 특
히 다른 나라 사람을 상대하는 프레젠테이션
에선 제스처 하나도 조심해야 합니다.

동양과 서양에서 모두 통하는 제스처

유명인이 자주 쓰는 동작을 흉내 낸다고 해서 청중의 호감을 쉽게 얻을 수 있는
것은 아닙니다. 청중에게 잘 보이기 위해 자신에게 어울리지도 않는 제스처를
억지로 취하면 오히려 역효과가 날 수 있기 때문입니다.

어깨선의 중심만 잘 잡으면 동서양을 모두 아우르는 글로벌 프레젠테이션을 할
수 있습니다. 제스처를 어깨 위에서 하면 청중의 시선이 위로 향하게 되어 집중
도가 떨어지게 됩니다. 안정적으로 보이기 위해 제스처를 어깨 아래에서 하도록
유지하는 것이 좋습니다.

또한 중요한 부분을 설명할 때 청중을 응시하면서 눈을 크게 뜨거나 눈썹을 치
켜올리면 청중의 주목을 받을 수 있습니다.

! 이런 제스처는 절대 안 돼요!

동·서양을 막론하고 절대 해서는 안 되
는 제스처가 있습니다. 그것은 바로 정신
없는 손놀림입니다. 프레젠테이션을 하면
서 양손을 맞대거나 반지 자랑을 하듯 반
지를 뺏다 꼈다 하는 동작은 청중을 불편
하게 만들 수 있습니다. 또한 긴장이 된다
고 해서 소매를 잡는다거나, 유인물로 나
팔을 만들거나, 손을 씻는 것처럼 비비는
행동도 피해야 합니다.

청중을 내 편으로 만들 구조화 전략을 세워라!

쌍방향 통행을 하라!

프레젠테이션이 실패하는 가장 큰 이유는 발표자가 전달하고자 하는 내용을 청중에게 제대로 이해시키지 못했기 때문입니다. 특히 영어 프레젠테이션의 경우, 발표자가 준비한 원고만 대충 읽고 넘어가는 일방통행식의 오류를 범하기 쉽습니다.

하지만 프레젠테이션은 청중과의 교류가 충분히 이루어졌을 때 성공할 수 있는 만큼 청중에게 정보를 전달하면서 교감할 수 있도록 주고받는 방식의 쌍방향 통행이 되어야 합니다.

연역법을 사용하라!

사람들은 영어 프레젠테이션을 할 때 한국어 대본을 미리 준비합니다. 하지만 사실(Fact)을 먼저 제시하는 한국식 프레젠테이션의 논리 구조는 영어 문화권에서 통하지 않습니다.
영어 프레젠테이션은 가장 핵심이 되는 내용을 가상 먼저 소개하는 연역법, 혹은 두괄식 구조로 진행해야 합니다.

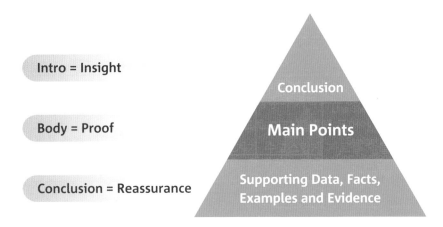

Intro = Insight

Body = Proof

Conclusion = Reassurance

Conclusion

Main Points

Supporting Data, Facts, Examples and Evidence

서론 부분에 중요한 내용을 전달하는 두괄식 구조라고 해서 해설적인 결론만을 말하는 것이 아닙니다. 청중의 이목을 집중시킬 만한 인사이트를 제시할 수 있어야 합니다. 그런 다음 본론에서 발표자가 제시한 인사이트를 증거자료로 확증시켜 주고, 결론에서는 지금까지 설명한 인사이트가 사실(Fact)이라는 것을, 정말 사실이라는 것을 증명할 수 있도록 다시 한 번 설득하는 작업이 이루어져야 합니다.

● 한국식 논리구조와 영어식 논리구조의 차이

한국식 논리구조에서는 사실을 먼저 제시하는 반면, 영어식 논리구조에서는 주장을 먼저 펼친 후 뒷받침하는 증거를 제시합니다.

	한국식	영어식
서론	우리에게는 혁신적인 건강 상품이 있습니다.	건강을 위해 건강식품을 한번쯤 생각해 보셨을 겁니다. 혁신적인 건강식품, 천연 비타민을 구매하십시오.
본론	우리는 음식으로 필요한 모든 영양소를 섭취할 수 없습니다. 가까운 나라 일본에서 크게 히트했고, 미국 FDA 승인도 받은 천연 비타민입니다.	우리는 음식으로 필요한 모든 영양소를 섭취할 수 없습니다. 가까운 나라 일본에서 크게 히트했고, 미국 FDA 승인도 받은 천연 비타민입니다.
결론	우리 제품을 반드시 구매해야 합니다.	건강한 삶을 원한다면 천연 비타민을 반드시 섭취해야 합니다.

▲ 한국식 논리구조   ▲ 영어식 논리구조

● 효과적인 연역법의 예

기능이 아무리 훌륭한 자동차라고 하더라도 사실만 계속 나열하면 청중 입장에서는 '그래서 어쩌라고?' 하는 반응밖에 나올 수 없습니다. 청중의 구매욕을 부추기기 위해서는 인사이트를 질문처럼 던져 공감대를 형성하고 연역법 구성을 취해야 합니다.

서론	Our car received a five star safety rating from European Automobile Association.
본론	It is safe and beautifully designed.
결론	It is the best car. So you should buy it.

▲ 한국식 논리구조

What do we look for in cars? Design? Gas mileage? Well above all, safety. We need a safe car. We dream about best cars.

Our car is safe and beautifully designed.

It receiver a five star safety rating from European Automobile Association.

▲ 영어식 논리구조

'Why − How − What' 구조를 기억하라!

지금까지는 'What − How − Why' 구조로 프레젠테이션을 진행해 왔습니다. 하지만 영어 프레젠테이션에서는 'Why − How − What' 구조로 진행해야 합니다. A 제품이 정말 좋기 때문에 꼭 사야 한다는 것이 아니라 왜 B 제품이 아니라 A 제품을 구매해야 하는지 이유를 밝힌 후에 How와 What을 전개하는 것이죠.

청중의 입장에서 어떠한 사실을 전달받으면 분석적으로 태도가 변합니다. 전달받은 사실이 맞는지 아닌지 분석하는 데 급급해 그 제품이 정말로 좋은지, 나에게 꼭 필요한 것인지 생각하지 못하게 되는 것이죠. 그렇기 때문에 청중의 감동을 유발시킬 수 있는 Why를 먼저 제시해 '아! 이 제품을 꼭 사야겠다.'는 느낌을 주어야 합니다.

What		**Why**
We make great computer.		Everything we do, we go for innovation. We challenge what we have done, think differently, and create something new.

How		**How**
They are beautifully designed, easy to use, and affordable.		The way we innovate, we create our products beautifully designed and simple to use.

Why		**What**
So you should buy our computer.		We happen to make great computers. Do you want one?

'What – How – Why' 구조에서는 컴퓨터를 만드는 회사임을 가장 먼저 설명한 후 상품에 대해 이야기합니다. 그런 다음 컴퓨터를 사라고 권유하는데 컴퓨터를 팔러온 느낌이 매우 강해서 청중은 오히려 거부감을 느끼게 됩니다. 하지만 'Why – How – What' 구조의 경우 What을 제시하여 청중이 사실을 분석하게 만드는 것이 아니라 Why로 왜 혁신을 요구하고 새로운 것에 도전하는지 회사의 철학을 알려주는 감성적 전달부터 시작합니다.

컴퓨터 회사라는 이미지보다 혁신, 변화, 새로움이라는 이미지를 부각시켜 어떤 철학을 갖고 제품을 만들었는지 밝히는 것이지요.

이와같이 'Why – How – What' 구조는 짧은 시간 안에 청중을 설득해야 하는 상품 소개나 제안서 발표, 마케팅 기획 보고 등에 특히 효과적입니다.

청중에게 질문을 던져라!

수사의문문을 사용하라!

영어 프레젠테이션을 할 때 가장 힘들어하는 이유는 '원어민처럼 영어를 해야 한
다.'는 강박관념 때문입니다. 영어를 원어민처럼 유창하게 하지 못해도 '수사의
문문(Rhetorical Question)'을 사용하면 짧은 영어만으로도 청중과 교감할 수
있습니다. 청중에게 질문을 던질 때는 청중에게 "아, 네. 정말 믿습니다!"라는
답을 유도해서는 안 됩니다. 청중이 관심을 가질 만한 내용 중에서 중요한 부분
만 뽑아 질문으로 만들어야 합니다.

예를 들어, "여러분은 어떻게 ~하시겠습니까?" 또는 "여러분 가운데 몇 분이나
~에 동의하십니까?" 등의 질문을 만들어 질문 속에 발표자가 강조하고자 하는
핵심 및 발표 주제를 은연중에 보여주는 것입니다.

여러분은 어떻게 ~하시겠습니까?

How would you like to ~?

📵 How would you like to satisfy our new customers?

여러분 가운데 몇 분이나 ~에 동의하십니까?

How many of you here agree with me that ~?

📵 How many people here realize that FTA is beneficial to the
long-term economic growth of Korea?

왜 ~한지 생각해 보신 적이 있으십니까?

Have you ever wondered why ~?

📵 Have you ever wondered why there are fewer women in the
executive level?

~ 라는 사실을 알고 계셨습니까?

Did you know that ~?

📵 Did you know that 75% of the earth is covered with water?

청중의 내비게이션 역할을 하라!

반복해서 말하지만, 프레젠테이션은 발표자 혼자 이야기하는 것이 아니라 청중의 공감대를 이끌어 내면서 진행해야 합니다. 따라서 '첫째 ~, 둘째 ~, 그리고 마지막으로 ~입니다.'와 같은 표현을 사용해 말하고자 하는 내용을 정리하면서 발표해야 합니다. 내용을 정리할 때는 꼭 문장으로 할 필요는 없습니다. 프레젠테이션의 핵심 키워드만 나열해도 괜찮습니다.

There are three main things dealt in my presentation: first, ~, second, ~, and lastly, ~.

There are three mail things dealt in my presentation: first, the background, second, the current situation, and lastly, the future implication.

또한 프레젠테이션 중간 중간에 다음 내용이 무엇인지 설명하여 청중에게 진행 방향을 제시하는 것도 좋습니다. 자신이 발표했던 내용을 다시 풀어서 설명하면 청중이 내용을 더욱 쉽게 이해할 수 있기 때문입니다.

So this brings us to my next point, which is····.
이 점은 제가 다음에 말씀드릴 ~으로 연결됩니다.

What I am saying is····.
제가 말씀드리는 것은 ~입니다.

Let me explain what this means····.
이게 무슨 말인가 설명드리면 ~입니다.

That is····.
그건 바로 ~입니다.

강약이 있는 프레젠테이션을 하라!

내용어를 강조하라!

영어로 이야기할 때 가장 중요한 것은 발음이 아닙니다. CNN이나 BBC 뉴스를 들어보신 분은 아시겠지만 기자라고 해서 완벽한 발음을 구사하는 경우는 거의 없습니다. 유독 우리나라에서만 발음에 신경을 많이 쓰고 조금이라도 틀리면 지적을 하곤 하죠.

물론 정확한 발음을 완벽하게 구사하는 것도 좋지만, 더욱 중요한 것은 핵심 단어에 강세를 넣어 제대로 발음하는 것입니다.

단어를 강조할 때 흔히 어떻게 강조를 하나요?

대부분 톤을 높이거나 소리를 크게 합니다. 하지만 영어에서는 옆으로 늘려서 강조해야 합니다. 이때, 고무줄을 이용하면 좋습니다.

프레젠테이션 대본을 만들어 연습할 경우 양손에 고무줄을 끼고 강조할 때마다 옆으로 늘리면서 자연스럽게 내용어를 강조할 수 있습니다.

영어 지문을 읽을 때는 다음 사항을 주의해야 합니다.

첫째, 쉬지 않고 단숨에 말해야 합니다.

우리는 영어를 눈으로 익혔기 때문에 단어 사이에 빈칸이 보이면 무조건 끊어 읽고 싶어 합니다. 절대로 눈에 보이는 것이 다가 아닙니다. 우선 단어 사이의 간격이 없다고 생각해 보세요. 노래를 부르듯이 단숨에 말하는 것이죠. 발음이 어색한 사람도 팝송을 부를 때는 원어민 못지않게 발음이 좋은 것처럼 영어를 읽을 때도 천천히 읽어도 좋으니 단숨에 읽으세요.

예를 들어, 악보를 보며 악기를 연주할 때 한 음정 한 음정 끊어 연주하면 곡이 완성되지 않는 것처럼, 영어로 발표할 때도 한 단어를 발음하는 동시에 뒤에 나오는 단어에 눈이 가 있어야 합니다. 즉, 곡을 멋지게 연주하려면 악상을 머리에 입력하여 연결하여 연주하듯이, 영어를 읽을 때도 단어 사이를 끊어 읽지 말고 소리를 연결하는 습관을 길러야 합니다.

둘째, 단어의 모음에 강세를 넣어야 합니다.
영어는 수직이 아닌 수평적인 강세를 주기 때문에 고무줄을 이용하는 것입니다.
강세가 들어가야 하는 모음 부분을 의도적으로 쭉 빼서 이어 말합니다.

다음 영어 지문의 빨간색 표시 모음 부분에 강세를 넣어서 고무줄을 옆으로 늘리듯이 길게 발음하는 연습을 해볼까요?

15.wmv

We care for efficiency in business you are running eco-friendly.
Save the cost and go green.
위 케~어 포 이피~이션시 인 비~이지니스 유 아 러~어닝 에~코 프레~엔들리.
세이브 더 코~오스트 앤 고 그린.

Our technology will improve your energy efficiency,
reduce costs, and save the earth.
아워 테크노~올러지 윌 임프루웁~뷰어 에너지 이피~이션시, 리듀~우스 코스츠 앤 세이~
브 디 어스

Our Green Technology is your solution for this.
아워 그린~인 테크노~올러지 즈 유어 솔루~우션 포 디스.

영어 프레젠테이션, 이것만은 꼭 지켜라!

지금까지 설명한 영어 프레젠테이션의 노하우를 다시 한 번 정리해 보겠습니다. 청중과 교감하기 위해서는 문화를 이해하는 적절한 제스처가 필요하며, 청중에게 감동을 줄 수 있는 구조화 전략이 필요합니다. 마지막으로 청중의 이목을 집중시키기 위해 적절한 질문과 영어 발음의 강세를 살리는 연설을 해야 합니다.

Why 강하게 어필 : 눈 크게 뜨기

How 방법을 제시 : 청중에게 다가가거나 자연스럽게 걷기

What 다시 한 번 강조 : 손동작 사용 및 눈 크게 뜨기

문화를 넘어선 글로벌 프레젠테이션 제스처는 발표 내용을 좀 더 효과적으로 전달하는 도구입니다. 효율적인 의사전달 구조인 'Why-How-What' 구조로 발표할 내용을 정리하면 충분히 청중을 내 편으로 만들 수 있습니다.
영어 발음을 완벽하게 하려고 신경 쓰기보다는 정말로 전달하고자 하는 내용을 제대로 전달하기 위해 중요한 의미 있는 단어인 내용어를 길게 빼서 단숨에 노래하듯 연결하는 연습을 하시기 바랍니다.

프레젠테이션을 할 때는 청중을 배려해 주는 마음가짐이 필요합니다.
영어로 말해야 한다는 부담 때문에 프레젠테이션 준비 과정에서 쏟아냈던 열정을 잃으면 안 됩니다. 더 이상 영어 때문에 프레젠테이션을 포기하는 일이 없기를 바랍니다.

멋진 발표자가 되기 위한 Q & A

Q 영어 실력을 키우는 남다른 방법이 있나요?

A 영어 실력은 노력에 정비례! 왕도가 따로 없어요.

전 과외나 학원 도움 없이 어학공부를 독학으로 해야 했기 때문에 원어민의 발음을 모방하는 연습 위주로 학습을 했어요. 안 되면 '무조건 외우기'식의 무식한 방법이었죠. 그리고 어학은 책으로만 공부하기에는 한계점이 보여요. 얼굴에 철판을 깔고 행동으로 보이세요. 큰 소리로 읽고 틀린 발음을 원어민 친구에게 물어 보고 교정 받으세요. 미국 드라마나 뉴스를 선생님 삼아 듣고 따라하다 보면 영어뿐만 아니라 영미권 문화와 시사정보도 함께 얻을 수 있습니다.

Q 영어 프레젠테이션에서 주의해야 할 것은 무엇인가요?

A 영어 전달력이 전부가 아닙니다!

영어 전달력은 50%쯤 되고, 나머지 50%는 내용의 논리적 구조와 보여주는 이미지, 예를 들어 자신감 있는 눈빛, 상대를 바라보는 표정, 여유, 목소리 톤에서 옵니다. 영어 실력이 완벽하지 않더라도 논리적으로 대본을 구성하고 적절한 보디랭귀지를 사용하면 콩글리시 발음으로도 상대의 마음까지 감동시키는 발표자가 될 수 있어요.

Q 외국의 프레젠테이션 문화는 어떤가요?

A 청중에게 대화하듯 편안한 프레젠테이션이 각광 받는 시대입니다.

현재 미국식 프레젠테이션은 전반적으로 연설 형식이 아닌 경우 매우 친근하고 캐주얼한 발표 형식으로 바뀌고 있는 추세입니다. 대본을 가져와 읽는 형식은 생각할 수도 없어요. 청중에게 대화하듯이 하는 프레젠테이션은 국적과 연령대를 넘어서 환영 받지요. 대다수의 청중이 누구인지 그들의 국적과 연령, 관심사를 기준으로 발표를 해야 합니다. 영어에도 정중한 표현과 캐주얼한 표현의 차이가 있기 때문에 프레젠테이션의 '톤'을 결정하는 것이 중요합니다.

찾아보기

Presentation R&D center

파워피티 연구소 | 프레젠테이션 전문가 집단

파워피티연구소는 국가이벤트 및 국내 대표기업 프로젝트를 수행한
국내 최고의 프레젠테이션 전문기업 ㈜파워피티의 11년 노하우를 통해,
프레젠테이션 교육부터 관련 서적 출판, 컨퍼런스를 통해 누구나 쉽게
프레젠테이션을 이해할 수 있도록 힘쓰고 있습니다.
다양한 프레젠테이션 교육을 통하여 보다 자신감 있고
설득력 있는 프레젠터로 거듭나기 위한 해법을 찾아보시기 바랍니다.

연구

THE PRESENTAT!ON
파워피티 연구소

기업교육/
대학사업

컨퍼런스/
경진대회

프레젠테이션
컨설팅

PTerFan
PresenTer와 Fantastic의 합성어로,
'청중의 눈을 사로잡는 환상적인 프리젠터'라는
뜻을 가지고 있습니다.

PRESENTATION TOTAL SOLUTION

STORY
프레젠테이션 사전분석과 전략수립
프레젠테이션의 기획의 3단계
프레젠테이션 스토리텔링의 법칙 9

DESIGN
정보디자인 (Information Design)
편집디자인 (Editorial Design)
미학디자인 (Esthetic Design)
시각효과 (Visual Design)

SPEECH
시각적 발표기법
음성적 발표기법
실전 발표기법

IMAGE
프레젠터 유형분석
좋은 첫인상 만들기
전략적 자기연출

PTerFan 교육프로그램

Fantastic 4

http://cafe.naver.com/pterfan
피터팬 카페에 가입하시면 프레젠테이션 전문 디자이너가 제작한
디자인 탬플릿을 무료로 받으실 수 있습니다.

NAVER
피터팬 프레젠테이션 ▼

1 프레젠테이션 전문강사로 활동하고자 하는 분을 위한
프레젠테이션 강사 양성과정

2 바쁜 직장인들을 위한 야간 세미나
피터팬 특강 시리즈

3 디자이너들의 프레젠테이션 역량강화를 위한 무료교육
피터팬 스토리&디자인 과정

4 프레젠테이션 역량 체득 및 발표 진단을 받고 싶은 분을 위한
피터팬 마스터 과정

교육 프로그램 문의 : ㈜파워피티 연구소
Tel. 070-7609-8210 http://www.thepresentation.co.kr/

1 두 가지 이상의 프로그램을 한 권으로 끝내고 싶을 때!

핵심 기능만 쏙! 실무를 단숨에!

2016 버전

2013 버전

2 A-Z, 프로그램의 기본과 활용을 제대로 익히고 싶을 때!

기초 탄탄! 실무 충실!

2016 버전   ### 2013 버전

2013 버전   ### 2014 버전

3 현업에 꼭 필요한 실무 예제로 업무력을 강화하고 싶을 때!

직장인 업무 지침서 ! 현장 밀착 실무

버전 범용

2013 버전

프로 비즈니스맨 지침서

효율적인 업무 정리부터 PPT 디자인까지 총망라!

| 무작정 따라하기 |

20년 이상 500만 독자에게 인정받은 길벗만의 노하우로,
독자의 1초를 아껴줄 수 있는 책을 한 권 한 권 정성들여 만들었습니다.